Claudia und Eberhard Mühlan

Vergiß es, Mama!

Tips für (angehende) Teenager-Eltern

Claudia und Eberhard Mühlan

Vergiß es, Mama!

Tips für (angehende) Teenager-Eltern

Schulte & Gerth

Die Bibelzitate wurden überwiegend der
Revidierten Elberfelder Bibel, Wuppertal 1986, entnommen.

Bestell-Nr. 15 194
ISBN 3-89437-194-3
1. Auflage 1992
Umschlaggestaltung: Olaf Johannson
Umschlagfoto: Christian Roth
Illustrationen: Knut Thomas Adler
Satz: Typostudio Rücker & Schmidt
Druck und Verarbeitung: Ebner Ulm
Printed in Germany

Inhalt

Einführung

„Die Teenagerjahre können zu den schönsten im Familienleben zählen …“

Nimmst du uns das ab?

Die meisten Eltern machen sich zu große Sorgen über die Stürme der Pubertät und rebellische Teenager.

So muß es nicht kommen!

Als erstes wollen wir mit dem hartnäckigen Vorurteil aufräumen, alle Teenager machten eine Zeitlang Schwierigkeiten. Das trifft nur auf manche zu.

Bis jetzt haben wir neun Kinder durch Pubertät und Teenagerjahre „geschleust“. Wir teilen nicht die weitverbreitete Ansicht, diese Zeit sei die anstrengendste. Jede Altersstufe birgt ihre eigenen, manchmal schmerzlichen Herausforderungen, aber auch großartige, unvergeßliche Erlebnisse.

Aber eins mußt du wissen: Wenn aus Kindern Teenager werden, ist vieles einfach anders! Als Eltern werdet ihr von ihnen etwas zu hören bekommen, wenn ihr einfach so weitermacht wie bisher!

Und fängst du erst an, nach Erziehungstips zu fragen, wenn du mit deinen Großen im Clinch liegst, steckst du dick in der Tinte. Gerade für die Teenagerjahre brauchst du eine gut durchdachte, umsichtige Strategie – dann kannst du diese Zeit richtig genießen.

Am einfachsten ist es, ein Buch über Kleinkinderziehung zu schreiben. „Bleib ruhig, Mama“ (Verlag Schulte & Gerth) ging Claudia locker von der Hand. In der Regel richtet man sich an unverbrauchte, begeisterte Eltern, die an die Zukunft ihrer Kinder glauben. Auch die nächste Altersstufe von der Vorschule bis zur Vorpubertät, die wir uns in „Is' was, Mama?“ (Verlag Schulte & Gerth) vorgenommen haben, kann man gut in den Griff bekommen. Diese Kinder lassen sich noch Familienregeln gefallen und akzeptieren Konsequenzen.

Aber im Laufe der Teenagerjahre …

Da verlieren manche Eltern den Mut und resignieren. Zu viele schmerzhafte Erfahrungen rauben den zuversichtlichen Blick in die Zukunft. Außerdem merkt man, daß man älter wird. Eltern nähern sich jetzt nämlich der Mitte des Lebens, in der es bekanntlich eine „Midlife-Krise" geben soll. Nicht nur bei den Teenies soll es kriseln, sondern auch noch bei den Eltern ...!

Von allen unseren Erziehungsbüchern hat uns dieses am stärksten herausgefordert. Das haben wir beim Auswerten unserer eigenen Erfahrungen, Beobachtungen und Seminare gemerkt. Allgemeingültige Ratschläge sind fast nicht mehr möglich. Jede Familie blickt auf eine individuelle, mindestens zehnjährige Geschichte zurück.

Darauf muß jetzt aufgebaut werden. Je nachdem wie fest das Fundament ist, gelingt es leichter oder schwerer. Mit Sprüchen wie „Hättest du nur ..." oder „Wenn du nicht ..." in der Vergangenheit zu bohren hilft wenig, es sei denn, jüngere Geschwister können davon profitieren.

Wir wissen, daß es in Familien mit Teenagern viel Kummer geben kann – auch wir werden davon nicht verschont. Trotzdem haben wir uns die Zuversicht nicht rauben lassen und sind fest entschlossen, ein ganz mutmachendes Buch zu schreiben. Einfach, weil Gott uns immer wieder Mut macht und einen neuen Anfang schenkt!

Wenn du dich darauf vorbereitest, mit Zwölf- bis Siebzehnjährigen in der Familie zusammenzuleben – oder schon mitten in diesem Abenteuer steckst –, ist dieses Buch für dich geschrieben! Je eher du es liest, desto besser. Man kann sich nicht früh genug auf das „Abenteuer Teenager" vorbereiten!

Vom Kind zum Teenager

Wenn man noch keine Erfahrungen mit einem Kind in der Pubertät gesammelt hat, macht man sich oft die seltsamsten Gedanken über ihre Zukunft. Wie mag dir zumute sein?

Wir können uns noch lebhaft an unsere Sorgen und Befürchtungen erinnern. Zu einer Zeit, in der wir uns intensiv mit Endzeitfragen beschäftigten, ertappte sich Claudia sogar dabei, wie sie betete: „Lieber Jesus, da du ohnehin bald wiederkommst, kannst du es nicht so einrichten, daß es vor der Pubertät unserer ältesten drei Mädchen ist?"

Nach allem, was sie gehört hatte, konnte sie sich nicht vorstellen, die Pubertät unserer drei etwa gleichaltrigen Mädchen zu überleben. Wenn andere unseren Riesenschwarm Kinder sahen, bekamen wir aber auch genug Sprüche zu hören. „Na ja", bemerkten manche süffisant mit hochgezogenen Augenbrauen, „wartet mal, bis sie in die Pubertät kommen ..." Einen Satz konnten wir einfach nicht mehr vergessen. Er verfolgte uns ständig, so daß jeder Kindergeburtstag diesen Alptraum vergrößerte: „Kleine Kinder – kleine Sorgen, große Kinder – große Sorgen!"

Nun, manche Bücher (leider bekommt man oft gerade die falschen in die Hand) machen einem auch nicht immer Mut. Dort heißt es zum Beispiel, Pubertät sei eine dramatische Zeit mit Stimmungsschwankungen und Launen (und das bei dreien gleichzeitig ...), Kinder würden sich grundsätzlich von ihren Eltern abwenden und rebellieren, sie würden ständig mit einer furchterregenden Clique Gleichaltriger durch die Gegend streunen und sich rein gar nichts mehr sagen lassen. Und all das müßten sich gramzerfurchte Eltern ohnmächtig ansehen, denn zu erziehen gäbe es in diesem Alter sowieso nichts mehr.

Da muß man ja Angst vor der Zukunft bekommen!

Unsere Erlösung kam in Gestalt eines älteren amerikanischen Pastors. Er stand staunend vor unserer Kinderschar, versuchte sie zu zählen, wurde aber nie fertig, da sie alle durchein-

UND WENN SIE EINMAL TEENIES SIND, WERDET IHR WUNDERBARE FREUNDE IN IHNEN HABEN...

anderwuselten. „Eberhard“, rief er aus und ließ seine Pranke krachend auf dessen Schulter sausen, „weißt du was? Große Kinder sind etwas Wunderbares! Freu dich auf diese Zeit. Du wirst in ihnen großartige Freunde haben!“

Claudia blieb angesichts dieser Weisheit der Mund offenstehen. So hatten wir es bisher nicht gesehen! Was hatte all die Schwarzmalerei nur in uns angerichtet? Beinahe wie Hiob mußten wir uns eingestehen: „Denn ich fürchtete einen Schrecken, und er traf mich, und wovor mir bangte, das kam über mich“ (Hiob 3,25).

Fortan war Schluß mit den trüben Gedanken, und wir hielten uns an unser neues Motto: Es wird wunderbar sein, große Kinder zu haben! Mit ihnen kann man vieles unternehmen, was mit den Kleinen gar nicht möglich ist! Man kann mit ihnen sprechen und diskutieren wie mit Erwachsenen und ihnen Freund und Berater sein. Was für ein Gefühl muß es sein, mitzuerleben, wie sie ihr Leben eigenverantwortlich gestalten! Herrlich!!

Und wir sind nicht enttäuscht worden. Neun unserer dreizehn Kinder haben wir bisher durch Pubertät und Teenagerjahre „geschleust“. Nichts, was wir befürchtet hatten, ist so dramatisch eingetreten wie eben geschildert, und zu den meisten „Großen“ haben wir eine gute Beziehung.

Leider nicht zu allen ... Beziehungen sind Schwankungen unterworfen. Es ist die Entscheidung jedes einzelnen, und Eltern sollten diese Freiheit und die Eigenverantwortung, die zum Erwachsenwerden gehören, einräumen. Aber noch ist nicht aller Tage Abend ... Wir haben gelernt, gelassen zu bleiben und zu beten.

Am meisten schätzen wir, daß wir für unsere erwachsenen Kinder tatsächlich Freunde und Berater geblieben sind. Sie wissen, daß wir uns nicht ungefragt in ihr Leben einmischen. Um so bereitwilliger bitten sie uns um Rat, wenn sie Sorgen haben oder Entscheidungen treffen müssen.

Viele Eltern sehen dem Beginn der Pubertät besorgt entgegen und befürchten das Schlimmste. Sind diese Ängste berechtigt? Verwandelt sich ein kooperativer Zehnjähriger plötzlich in ein selbstsüchtiges Monster, das sein eigenes Leben und das Familienleben zum Trauerspiel macht?

Genau wie in der frühen Kindheit finden in der Pubertät starke biologische Veränderungen und Reifeprozesse statt. Dazu kommen neue Anforderungen und Erwartungen durch die Umwelt. Das ist ein ziemlich starker Druck. Teenager, die bereits in der Kindheit Schwierigkeiten hatten, können damit schlechter umgehen als solche, deren Kindheit unauffälliger verlaufen ist. Die neue Situation überfordert sie so sehr, daß sie noch stärkere Verhaltensstörungen entwickeln.

Bei Kindern, die mit einem gesunden Selbstwertgefühl und in Geborgenheit aufgewachsen sind, werden diese Auffälligkeiten nicht beobachtet. Das ist doch eine gute Nachricht für dich, oder?

Es ist bestürzend zu lesen, daß etwa jedes fünfte Kind zwischen zwölf und vierzehn Jahren mehrmals in der Woche oder sogar täglich Alkohol trinkt. Jeder dritte Jugendliche raucht und verringert seine Lebenserwartung um ein Jahrzehnt, wenn er dabei bleibt. 14 Prozent der Schüler nehmen regelmäßig Schmerz-, Schlaf-, Beruhigungs- und Aufputschmittel. 10 bis 15 Prozent haben psychische Störungen wie Hyperaktivität und Aggressionen oder Mattigkeit und Depressionen.

Diese bedauernswerten jungen Leute und ihre Eltern brauchen Hilfe. Wie viele Tränen mögen da geflossen sein? Aber es sind nur 15 bis 30 von 100 Teenagern! Die 70 bis 85 Prozent, die lebensbejahend und kooperativ mit ihren Eltern zusammenleben, sorgen nicht für Schlagzeilen. Auch von denen, die sich später wieder fangen, hören wir wenig.

Großangelegte empirische Untersuchungen sagen aus, daß die Teenagerjahre viel ruhiger und stabiler verlaufen, als man bisher angenommen hat. Nicht nur eine, sondern gleich mehrere Studien geben an, daß nur gut 20 Prozent der Teenager durch schwere psychische Probleme auffallen.[1] Die meisten durchleben diese Jahre ohne bleibende Schäden.

Eine Studie[2] unterscheidet drei Arten pubertärer Entwicklung: Erstens eine ruhige, ohne inneren Aufruhr. Zweitens eine turbulente, allerdings mit zunehmender Fähigkeit, Lebensaufgaben zu bewältigen. Diese beiden gesunden Formen machen 75 Prozent der untersuchten Teenager aus. Die dritte Gruppe mit den restlichen 25 Prozent hat aus verschiedenen Gründen erhebliche psychische Probleme.

Auch James Dobson, der bekannteste christliche Familienberater in den USA, kam bei einer Umfrage unter seinen Lesern zu ähnlichen Ergebnissen. 35 000 Familien nahmen daran teil. Ganz besonders interessierte ihn das Verhalten von kooperativen und eigenwilligen Kindern. Verständlicherweise machten letztere ihren Eltern mehr Kummer. Trotzdem näherten sich 85 Prozent der absolut eigenwilligen und trotzigen Kinder nach der Pubertät wieder den Wertmaßstäben ihrer Eltern. „Nur 15 Prozent sind so eigensinnig, daß sie alles das, wofür ihre Familie steht, zurückweisen, und ich wette, daß es in den meisten dieser Fälle noch andere Probleme und Gründe für schmerzliche Erinnerungen gab."[3]

Seelisch schwer angeschlagene Jugendliche, die sich feindselig zurückziehen und ihre Gefühle, zu versagen und isoliert zu sein, mit Drogen betäuben, sind in der Regel schon als Kinder solche Unglückswürmer gewesen. „Mit sieben Jahren formte sich bereits das Persönlichkeitsbild kleiner Menschen, die unfähig waren, mit anderen Kindern gute Beziehungen herzustellen, aber leicht Sündenbock wurden. Sie hatten kein Selbstvertrauen und konnten nicht stolz auf eigene Leistungen sein, sie kamen sich wertlos und schlecht vor, verhielten sich aber auch wenig vertrauenswürdig und zuverlässig. Sie waren unentschlossen und dachten kaum voraus, hatten jedoch Angst, zu kurz zu kommen. Den Siebenjährigen, die später Drogen mißbrauchen sollten, bedeuteten moralische Werte wie gegenseitiges Geben und Nehmen oder Fairneß nicht viel. Ferner waren sie nicht tatkräftig, nicht lebhaft und auch nicht offen für neue Erfahrungen. Unter Streß entwickelten sie körperliche Symptome und konnten sich schwer wieder fangen.

Mit elf Jahren fielen sie als stur und unkooperativ auf. Sie reagierten mißtrauisch und argwöhnisch, sie konnten sich nicht konzentrieren und waren an dem, was sie taten, gefühlsmäßig unbeteiligt. Die Halbwüchsigen neigten bei geringen Frustrationen zu Überreaktionen, sie drängelten und trieben die Dinge auf die Spitze. Sie wollten einfach nicht gefallen."[4]

Diese kindlichen Fehlentwicklungen „zeigt eine neue, beispiellose Untersuchung, die an der University of California, Berkeley, von den Psychologen Shedler und Block angestellt wurde. Im Alter von drei Jahren wurden 130 kleine Besucher von Kindergärten zu einem Sample zusammengestellt. Als sie fünf waren, absolvierten sie einen gründlichen Persönlichkeitstest. Zu der Zeit wurde auch das Verhalten der Eltern ihnen gegenüber minutiös studiert. Mit 7, 11, 14 und schließlich 18 Jahren sahen die Psychologen 101 der Jungen und Mädchen wieder."[5]

Vernachlässigung und gestörte Familienbeziehungen verhindern eine Selbstachtung bei Kindern und „pflastern" bereits im Kleinkindalter den Weg zu Jugendproblemen. Das macht diese Studie erschreckend deutlich. Sie gibt jedoch keinen Anlaß zu befürchten, daß ein selbstbewußtes, beziehungsfähiges und fröhliches Kind sich durch die Pubertät plötzlich als feindseliges Problembündel entpuppt.

Die Auswirkungen des „Generationskonfliktes" wurden in der Fachliteratur ebenso überschätzt. Dort wird gesagt: „Heranwachsende entwickeln so verschiedenartige Werte und Lebensziele, daß eine gute Kommunikation mit ihren Eltern nicht mehr möglich ist und eine unüberbrückbare Distanz entsteht."

Wieder trifft das lediglich auf die „Problemfälle" und auf Eltern zu, die unangemessen viel erwarten und zu strenge Moralvorstellungen vertreten. Die überwiegende Mehrheit der Testpersonen behielt auch während der Pubertät und ihrer wachsenden Unabhängigkeit die positive Beziehung zu ihren Eltern, die sie während der Kindheit hatten.

Die negativen Auswirkungen des Gruppendrucks Gleichaltriger wurden bisher ähnlich überbewertet. Je nachdem, was die Teenager verbindet, kann sich Gruppendruck positiv oder negativ auswirken. Solche Gruppen entstehen ja nicht zufällig. Heranwachsende suchen sich in der Regel Freunde, die einen ähnlichen Geschmack, ähnliche Werte, Moralvorstellungen und Familien haben. Schwierige Teenager können sich mit ihrer Wahl in einen „Teufelskreis" begeben. Unproblematische Jugendliche fördern sich gegenseitig.

Du fragst dich vielleicht, wie diese verzerrte Auffassung über Pubertät zustande gekommen ist.

Führende Psychoanalytiker betrachten die Pubertät „als eine Periode emotionaler Instabilität, in der ein anhaltendes seelisches Gleichgewicht sogar anormal ist".[6]

Daniel und Judith Offer haben diese psychoanalytische Sicht treffend zusammengefaßt: „Die Psychoanalyse beschreibt die Pubertät als Zeit seelischen Ungleichgewichts, in der das ICH und das ÜBER-ICH sehr strapaziert werden. Instinktive Impulse stören das innere Gleichgewicht, das in der Latenz (Ruhepause: etwa das Alter zwischen sechs und zehn) gewonnen wurde. Durch diesen inneren Aufruhr entstehen rebellisches Verhalten, Stimmungsschwankungen und affektive Labilität. Ungelöste präödipale und ödipale Konflikte werden wiederbelebt. Durch Verdrängung kann im Gegensatz zur Latenz kein Gleichgewicht mehr hergestellt werden."[7]

Glücklicherweise widerlegen zahlreiche Studien und Wissenschaftler dieses düstere Bild. Übereinstimmend halten sie die bisherigen Aussagen für stark übertrieben. Offensichtlich haben Psychoanalytiker Erkenntnisse über kranke Teenager auf gesunde übertragen und damit einen falschen Eindruck hinterlassen.

Was bedeuten die Ergebnisse dieser Untersuchungen für dein zukünftiges Familienleben?

Wir möchten dich vor unnötigen Sorgen und Ängsten bewahren – die brauchst du wirklich nicht zu haben. Wenn du auf ein einigermaßen harmonisches Zusammenleben mit deinen Kindern zurückschauen kannst, werden ihre Teenagerjahre eine wertvolle Zeit für dich sein.

Ihr werdet mit neuen Herausforderungen konfrontiert werden. Dein Teenager wird lernen müssen, mit hormonellen Veränderungen umzugehen, sich gegen eine verführerische Medienflut und hartnäckigen Gruppendruck zu behaupten, und er muß sich in einer Erwachsenengesellschaft bewähren. Aber das geschieht nicht alles gleichzeitig, und wie du gelesen hast, werden die meisten gut damit fertig.

Du könntest dabei sogar zu einem „Stolperstein" für deinen Teenager werden! Nämlich wenn es dir nicht gelingt, ihm alters- und reifegemäß zur Seite zu stehen und seine Eigenverantwortlichkeit zu fördern. Da gibt es eine Menge kleiner und großer Dinge zu beachten, die wir mit dir in diesem Buch erarbeiten wollen.

Die Situation ist allerdings wesentlich ernster, wenn du bereits in der Beziehung zu deinem vorpubertären Kind Defizite und Spannungen feststellst. Aber auch dann ist es noch nicht hoffnungslos. Du mußt alles daransetzen, wieder zu einer entspannten und wertschätzenden Beziehung zu finden! Vielleicht ist es ein guter Anfang, dich bei deinem Kind für die Fehler und Versäumnisse der Vergangenheit zu entschuldigen und mit ihm zu beraten, wie ihr euer Zusammenleben in Zukunft gestalten könnt.

Teil I

Auf die Pubertät vorbereiten

Aufklären, aber wie?

Den meisten Eltern fällt es schwer, mit ihren Kindern über geschlechtliche Aufklärung und die Vorgänge während der Pubertät zu sprechen. Das liegt wohl daran, daß sie nicht – wie in anderen Familienfragen – auf Erfahrungen aus ihrer eigenen Kindheit zurückgreifen können. Wer kann schon von sich sagen: „So haben meine Eltern früher mit mir gesprochen, und genauso werde ich es jetzt auch tun.“? Aufklärung ist für sie Neuland, ein Bereich, den sie sich selbst erarbeiten müssen.

Wie hast du dich bisher bewährt?

Die Gespräche mit jüngeren Kindern sind das Übungsfeld für die Gespräche zur Vorbereitung auf die Pubertät. Wir hoffen, daß du mit deinen Kindern unbefangen über die Unterschiedlichkeit von Jungen und Mädchen, über die Frage nach der Herkunft der Kinder, ihrer Zeugung und Geburt plaudern kannst.

Natürliche Situationen und neugierige Fragen der Kinder sind dafür am besten: Wenn deine kleine Tochter ihren Bruder beim Ausziehen sieht, wenn jemand in der Verwandtschaft heiratet oder sich bei einer Bekannten der Bauch immer stärker wölbt.

Wenn Kinder spüren, daß sie unbefangen fragen können, ohne ihre Eltern in Verlegenheit zu bringen, fallen die Gespräche mit ihnen als Teenager leichter.

Falls du noch Nachholbedarf haben solltest oder Gespräche mit jüngeren Geschwistern anstehen, können folgende zwei Bücher dir bei der Vorbereitung helfen: Dietmar Rost, „Unserm Kind zuliebe – Geschlechtserziehung von Anfang an“ (Verlag Weißes Kreuz), und Tim LaHaye, „Aufklären – aber wie?“ (Verlag Schulte & Gerth). Das erste Buch umfaßt Geschlechtserziehung im Vorschulalter, das zweite berücksichtigt alle Altersstufen. Wir werden noch öfter daraus zitieren.

Mach dir bewußt: „Aufgeklärt“ wird dein Kind auf jeden

Fall. Wenn nicht von dir, dann von anderen – fragt sich nur, wie gut!

Gehemmtes, peinliches Schweigen der Eltern wirkt sich verheerend aus: Der Teenager wendet sich auch mit anderen brennenden Fragen nicht an sie, sondern sammelt seine Informationen aus Zeitschriften und bei Gleichaltrigen.

Sprich rechtzeitig mit deinem Kind darüber, welche körperlichen und seelischen Veränderungen in den Teenagerjahren bevorstehen, aber auch über die massiven Beeinflussungen und Verführungen von außen.

Wir werden dir dabei helfen. Auch wir waren einmal stümperhafte Anfänger und haben einigen Schweiß vergossen.

Was heißt „rechtzeitig"?

Auch wenn ihr euch schon über ähnliche Themen unterhalten habt, solltest du vor der Pubertät ein entscheidendes Gespräch mit deinem Kind suchen. Setze den Zeitpunkt nicht zu spät an; Kinder sind in ihrer Entwicklung und ihrem Wissen meistens weiter, als Eltern ahnen. Es wäre zu schade, wenn dein Mädchen von ihrer ersten Blutung überrascht würde und dein Junge nicht wüßte, was mit ihm geschieht, wenn er seinen ersten nächtlichen Samenerguß hat. Die Pubertät kann bei einem Mädchen durchaus schon mit zehn, bei einem Jungen mit zwölf Jahren beginnen. Kinder entwickeln sich natürlich sehr unterschiedlich. Also mußt du deins genau beobachten, damit du den richtigen Zeitpunkt auf keinen Fall verpaßt.

Auch der Einfluß anderer muß berücksichtigt werden. Mag sein, daß dein Kind noch weit vor der Pubertät steht, aber viel Umgang mit Teenagern hat. Dann solltest du unbedingt mit ihm sprechen; denn geschlechtliche Veränderungen und Sexualität sind unter ihnen garantiert das Gesprächsthema Nummer eins. Da werden ganz schöne Zoten weitererzählt, besonders von denen, die keine Aufklärung genossen haben.

Eberhard ist von seinen Eltern, bis auf einen peinlich endenden Versuch, nicht aufgeklärt worden. Dafür hat sich ein Klassenkamerad seiner angenommen ... Das hat Eberhard eine Menge wirrer Phantasien und Minderwertigkeitskomplexe eingebracht. So etwas solltest du deinem Kind ersparen!

Bereite dich mit unserer Hilfe vor. Und dann setze dich an einem Nachmittag mit deinem Kind zusammen und sprich mit ihm gezielt die zukünftigen Veränderungen und Gefahrenpunkte durch. Dabei ist es gut, wenn die Mutter mit der Tochter und der Vater mit dem Sohn redet. Oder ihr setzt euch als Eltern gemeinsam mit dem Kind zusammen – so haben wir es bei den meisten getan. Auch ein „Männer"- beziehungsweise „Frauenwochenende" mit viel Zeit für Gemeinschaft und Gespräche ist ein großartiger Anlaß. Auf jeden Fall sollte zur richtigen Zeit ein gründliches Gespräch stattfinden, bei dem das Kind auch seine Fragen loswerden kann. Damit wir uns richtig verstehen: Mit diesem einen Mal ist es natürlich nicht getan. Es ist das Fundament für die Teenagerzeit, aber weitere Gespräche müssen folgen!

Über den menschlichen Körper und Geschlechtsverkehr wird dein Kind wahrscheinlich schon Bescheid wissen. Hoffentlich von dir und nicht nur aus dem Biologieunterricht oder der „Bravo". Jetzt geht es vor allem darum, dein Kind nach biblischen Maßstäben, also im Gegensatz zur Meinung der meisten Bezugspersonen, auf die Umwälzungen in den Pubertätsjahren und seine persönliche sexuelle Verantwortung hinzuweisen.

Das ist am erfolgreichsten, wenn ein hohes Maß an Achtung und Vertrauen vorhanden ist und wenn dein Kind mehr Wert auf deine Meinung legt als auf die mancher Lehrer und vieler Gleichaltriger.

Bevor wir auf die Einzelheiten eines solchen Gespräches eingehen, erst einmal ein paar Fakten.

Hormone spielen verrückt

Pubertät bewirkt mehr als ein bißchen körperliches Wachstum. Sie ist die stärkste Wandlungsphase in der Entwicklung jedes Menschen!

James Dobson betont, daß pubertierende Mädchen und Jungen mit zwei starken Einflüssen fertig werden müssen: Einer ist hormoneller, der andere sozialer Art. Diese Aufteilung hat uns sehr geholfen, unsere Kinder zu verstehen und mit ihnen zu sprechen. Im folgenden werden wir uns an sie halten.

Die meisten Kinder kommen relativ glatt durch diese zwei bis drei Jahre. Aber manche werden von diesen zwei Mächten ganz schön mitgenommen und spielen verrückt.

Diese Einflüsse, so massiv sie auch sind, werden von unerfahrenen Eltern – uns damals eingeschlossen – zu bedrohlich gesehen. Ein oder zwei unserer neun Teenies hatten in ihrer Pubertät echte, aber zu bewältigende Probleme mit sich und ihrer Umwelt. Ähnliches haben wir in unserem Bekanntenkreis beobachtet.

Wir teilen nicht die Ansicht, daß jedes Kind durch die Hormonschwankungen eine Zeitlang unausstehlich für die Familie wird. Solche – manchmal krampfhaft humorvollen – Aussagen verunsichern junge Eltern nur und schaffen negative Erwartungen.

Einige trifft es. Ihre Eltern können sich sagen, daß die Wogen sich meistens nach einigen Jahren glätten. Allerdings haben diese Teenager häufig auch eine problematische Vorgeschichte. Ein vorpubertäres Kind mit ungezügelten Temperamentsausbrüchen kann in der Pubertät noch launischer werden, ein extrem antriebsschwaches Kind noch träger erscheinen und eins, das stark auf die Anerkennung anderer angewiesen ist, der größte Klassenkasper werden …

Doch zurück zu den hormonellen Veränderungen! Hormone lösen den Anfang der Pubertät aus. Sie verursachen die körperlichen und seelischen Veränderungen bei Jungen und Mädchen.

James Dobson meint, „daß Eltern und sogar Verhaltensforscher die Auswirkungen der biochemischen Veränderungen, die in der Pubertät stattfinden, unterschätzt haben. Wir können den Einfluß, den diese Hormone auf den Körper haben, sehen, aber im Gehirn findet ebenfalls ein dynamischer Prozeß statt."[8]

Uns ist besonders aufgegangen, daß sich in dem Kind nicht nur körperliche, sondern auch hormonbedingte seelische Veränderungen abspielen. Wenn wir Eltern uns das vor Augen malen, können wir eventuelle emotionale Erschütterungen besser einordnen und ertragen.

Lies einmal, wie Tim LaHaye die hormonelle Umstellung beschreibt: „Der Anfang der Pubertät wird vom endokrinen System gesteuert. Es umfaßt mehrere Drüsen, unter ihnen die Hypothalamusdrüse, die Hypophyse, die Schilddrüse, die Nebennieren und die Eierstöcke beziehungsweise die Hoden. Alle diese Organe wirken zusammen und verursachen die körperlichen und seelischen Veränderungen in Jungen und Mädchen.

Bei einem Jungen gibt die Hypothalamusdrüse Signale an die Hypophyse ab, die ihrerseits drei Schlüsselhormone freisetzt, die androgenen Hormone. Sie geben dem Jungen seine männlichen Eigenschaften, sowohl die körperlichen als auch die seelischen. Sie regen die Nebennieren an und lösen in den Hoden die Produktion des Hormons Testosteron aus, des wichtigsten männlichen Geschlechtshormons. Testosteron bewirkt die Bildung von Samenzellen und das Wachstum der Körperbehaarung. Außerdem wächst jetzt der Kehlkopf des Jungen, und dadurch wird seine Stimme tiefer. Jungen können auch zeitweise eine Vergrößerung ihrer Brust während der Pubertät beobachten. Das heißt ‚Gynäkomastie' und kann manchmal sogar schmerzhaft sein, aber es ist ein normaler Vorgang und kein Grund zur Beunruhigung.

Bei einem Mädchen regt die Hypophyse die Produktion von zwei wichtigen Hormonen in den Eierstöcken an: Östrogen und Progesteron. Diese beiden Hormone sind für die körperlichen und seelischen Veränderungen der Mädchen verantwortlich ...

Das Östrogen bewirkt das Wachstum der Brust, das Breiterwerden der Hüften und die Reifung der Geschlechtsorgane einschließlich der Klitoris und der Schamlippen. Außerdem bildet sich in der Gebärmutter des Mädchens eine besondere Schleimhaut, die man Endometrium nennt und die schon eine Vorbereitung auf das Kindergebären darstellt.

Eins der wichtigsten Anzeichen für die Pubertät ist jedoch bei einem Mädchen das Einsetzen der Menstruation. Am Ende der Pubertät ist die geschlechtliche Reife abgeschlossen, nicht aber die seelische. Sie entwickelt sich vielmehr in einem lebenslangen Prozeß."[9]

Es ist Aufgabe der Mutter, mit ihrer Tochter rechtzeitig, das heißt vor dem Einsetzen der ersten Blutung, über Ablauf und hygienische Maßnahmen zu sprechen. Neun oder zehn ist ein gutes Alter dafür. Wenn es dann soweit ist, solltet ihr euch noch einmal Zeit dafür nehmen. Versichere deinem Kind, daß es sich hier um ein vollkommen natürliches Ereignis handelt. Es ist ein Zeichen, daß es allmählich reif genug wird, selbst Kinder zu bekommen.

Wenn du willst, kannst du dich an die Formulierungen aus dem Buch „Zwischen 12 und 17 – Tips für Teens" (Verlag Schulte & Gerth) halten: „Etwa gleichzeitig mit den äußeren körperlichen Veränderungen wird beim Mädchen die erste Monatsblutung – man sagt auch Periode oder Menstruation – eintreten. Davon hast du sicherlich schon etwas gehört. Manche Mädchen ekeln sich davor, weil es etwas mit Blut zu tun hat.

Bei einer erwachsenen Frau findet die Monatsblutung etwa alle 28 Tage statt. Über einige Tage hinweg verliert sie durch die Scheide die stark durchblutete Schleimhaut der Gebärmutter.

Die Gebärmutter ist ein dehnbarer Muskel. Jeden Monat wächst in ihr Schleimhaut heran, in der sich eine befruchtete Eizelle einnisten kann. Wenn das nicht passiert, die Frau also nicht schwanger wird, baut diese Schleimhaut sich wieder ab und wird als Blut durch die Scheide nach außen abgestoßen.

Wenn du deine erste Monatsblutung bekommst, signalisiert dir dein Körper, daß du nun erwachsen wirst und kein Kind mehr bist. Er stellt sich auf die wunderbare Aufgabe der Mutterschaft ein.

Du brauchst also deswegen nicht beunruhigt zu sein. Die Menstruation ist ein ganz natürlicher Vorgang. Sie ist keine Krankheit, darum kannst du während dieser Zeit alles tun, was du sonst auch tust. Vielleicht verspürst du manchmal leichte

Verkrampfungen im Unterleib. Sollten die Schmerzen sehr stark werden, so sprich mit deiner Mutter oder mit einem Menschen, zu dem du Vertrauen hast.

Während einer normalen Menstruation verliert ein Mädchen vier bis sechs Eßlöffel Blut. Da dies innerhalb eines Zeitraumes von drei bis fünf Tagen geschieht, verlierst du jeden Tag nur relativ wenig Blut. Damit die Kleidung nicht befleckt wird, tragen Frauen als Schutz eine Binde oder führen einen Tampon in die Scheide ein.

Es ist außerordentlich wichtig, daß ein Mädchen seine Geschlechtsteile während der Menstruation jeden Tag wäscht. Dadurch werden lästige Gerüche vermieden.

Wenn du das erste Mal deine Monatsblutung hast, bist du vielleicht aufgeregt und verlegen. Du glaubst, jeder sehe dir an, daß du die Menstruation hast. Aber das stimmt nicht! Bald wirst du dich daran gewöhnt haben, und die Regel gehört zum normalen Ablauf deines Lebens.

Die Art und Weise, wie der Körper einer Frau funktioniert, um menschliches Leben hervorzubringen, stellt einen der schönsten Vorgänge in der ganzen Schöpfung Gottes dar. Du kannst sogar ein bißchen stolz darauf sein!"[10]

Problematisch erweist sich die Akzeleration (Entwicklungsbeschleunigung), die in unserem Kulturkreis zu beobachten ist. „Das relativ frühe Einsetzen der Pubertät und das außergewöhnliche starke Wachstum können bis heute nicht eindeutig geklärt werden. Man vermutet, daß äußere Einflüsse wie Licht, Luft, Sonne, vitaminreiche Nahrung und allgemeine Reizüberflutung hier eine entscheidende Rolle spielen."[11]

„Wenn umweltbedingte Umstände für ein schnelleres Wachstum sorgen, wird das Kind auch eher geschlechtsreif. Zum Beispiel lag 1850 bei norwegischen Mädchen das Alter bei der ersten Menstruation bei 17 Jahren; 1950 waren es 13 Jahre. Das durchschnittliche Alter der Pubertät sank innerhalb von einem Jahrhundert um vier Jahre. Neuere Erhebungen zeigen, daß der Durchschnitt jetzt fast auf 12,6 Jahre gesunken ist!"[12]

Die körperliche Reife tritt früher ein, während die seelische auf Sparflamme läuft. Diese jungen Menschen werden von ihrer rasch veränderten Körperlichkeit geradezu überrannt und besonders schlecht damit fertig. Körperlich sehen wir einen

Erwachsenen vor uns, Verhalten und Denken jedoch sind nach wie vor kindlich. Für ein ausgereiftes dreizehnjähriges Mädchen ist es besonders schwer, da es früher wie ein sexuelles Gegenüber behandelt wird als ein gleichaltriges Mädchen vor der Pubertät.

Trotz der allgemeinen Entwicklungsbeschleunigung gibt es Kinder, die sehr spät in die Pubertät kommen. Stelle dir mal vor, wie einem sechzehnjährigen Jungen zumute ist, bei dem sich noch nichts gerührt hat, wo doch die Pubertät bei Jungen zwischen zwölf und neunzehn Jahren liegt. Das gleiche für ein Mädchen, bei denen die Altersspanne zwischen zehn und siebzehn Jahren angegeben wird.

James Dobson nennt vier Extreme, die beachtet werden sollten:

„*Der spät-reifende Junge*. Er weiß ganz genau, daß er immer noch ein Baby ist, während seine Freunde erwachsen geworden sind. Er telefoniert, und am anderen Ende der Leitung sagt man zu ihm ‚Fräulein'! Was für eine Schande! Er ist in diesem Alter sehr an Sport interessiert, aber er kann sich mit den größeren, stärkeren Jungen nicht messen. Er wird in der Umkleidekabine wegen seiner sexuellen Unreife gehänselt. Was ihn weiterhin verletzt, ist die Tatsache, daß er einige Jahre lang kleiner ist als die meisten Mädchen seines Alters! Er hat Angst, daß bei ihm etwas fürchterlich verkehrt läuft, aber er wagt es nicht, mit irgend jemandem darüber zu reden. Es ist ihm zu peinlich. Das vorpubertäre Kind kann oftmals der größte Störenfried in der Schule sein, weil es viel von seiner zweifelhaften Männlichkeit unter Beweis stellen muß.

Das spät-reife Mädchen. Das Leben ist nicht leichter für das Mädchen, dessen innere Uhr langsam läuft. Sie blickt auf ihren flachen Körper herab und schaut sich dann ihre ‚bebusten' Freundinnen an. Bereits zwei oder drei Jahre lang haben diese ihr ihre Erfahrungen mit der Menstruation mitgeteilt, aber sie kann nicht mitreden. Sie hat von der Clique den Spitznamen ‚Babyface' bekommen, und sie sieht tatsächlich wie eine Achtjährige aus. Wenn wir uns daran erinnern, welche Rolle physische Attraktivität bei der Selbstachtung spielt, wird deutlich, warum die Spätentwickler Minderwertigkeitsgefühle bekommen können, selbst wenn sie attraktive Anlagen haben mögen. Und wenn ihnen keiner etwas anderes sagt, schließen sie wahrscheinlich daraus, daß sie nie erwachsen werden.

Das frühreife Mädchen. Wenn es nachteilig ist, spät heranzureifen, würde man das Gegenteil wahrscheinlich für emotional gesund halten. So ist es aber nicht. Da Mädchen sich sexuell im Durchschnitt ein bis zwei Jahre vor den Jungen entwickeln, ist das Mädchen, das noch vor ihren Kameradinnen in die Pubertät kommt, anderen kilometerweit voraus. Ihre körperliche Stärke bietet ihr keine Vorteile in unserer Gesellschaft, und es ist einfach nicht akzeptabel, bereits mit zehn Jahren verrückt auf Jungen zu sein.

Der frühreife Junge. Im Gegensatz dazu ist der frühreife Junge mit großen sozialen Vorteilen gesegnet. Er wird zu einer Zeit stark, wo Kraft von seinen Kameraden verehrt wird, und sein

Selbstvertrauen wächst in dem Maße, wie seine sportlichen Erfolge bekannt werden. Seine frühe Entwicklung stellt ihn auf eine Stufe mit den Mädchen seiner Klasse, die ebenfalls sexuell erwachen. Daher hat er das ganze Revier für ein, zwei Jahre für sich allein. Untersuchungen bestätigen, daß der frühreife Junge öfter emotional gefestigt, selbstbewußt und sozial akzeptiert ist als andere Jungen. Er wird wahrscheinlich auch im späteren Erwachsenenleben erfolgreicher sein als andere.

Wenn Sie mit Ihrem Vor-Teenager über diese Extreme sprechen, sollten Sie ihm versichern, daß es bei einigen Kindern ganz ‚normal' ist, zu früh oder spät in die Entwicklung einzutreten. Es bedeutet nicht, daß irgend etwas mit seinem Körper falsch ist. Wenn Ihr Kind tatsächlich ein Spätentwickler ist, wird es zusätzliche Beratung und Unterstützung bei solchen Gesprächen brauchen, damit sich die Tür der Kommunikation im Blick auf die Ängste und Sorgen des Wachstums öffnet."[13]

Bei vielen pubertierenden Kindern kommt es innerhalb ganz kurzer Zeit zu Leistungseinbrüchen. Wenn ein Kind im achten Schuljahr tatsächlich um zehn bis fünfzehn Zentimeter wächst, sollte einen so etwas nicht wundern. Es wird ständig müde sein, zu nichts Lust haben, stundenlang auf dem Sofa liegen, an die Decke starren und zu wenig zu gebrauchen sein. Leider erkennen Eltern und auch Lehrer solche extremen Pubertätsschübe und ihre Auswirkungen zu wenig an und berücksichtigen sie nur selten in ihrer Einschätzung und Beurteilung.

Agilen, unternehmungslustigen Eltern geht es einfach nicht in den Kopf, wie man kostbare Zeit so verplempern kann, das kann sie ganz schön nerven. Aber solch einem Teenager jetzt Faulheit zu unterstellen, wäre grundverkehrt und kann Entfremdung und Auflehnung nur verstärken. Bloß gut, daß wir schon einiges über die hormonellen Umstellungen kapiert hatten, so konnten wir uns unsere Sprüche verkneifen und verständnisvoller reagieren.

Hat dein Kind in diesem Alter arge Schwierigkeiten und kommt es in der Schule einfach nicht mit, überlege dir, ob eine „Ehrenrunde", das heißt das Schuljahr wiederholen, nicht das Barmherzigste wäre. Wir haben es mit einem unserer Teenager im achten Schuljahr so gemacht und es nicht bereut. Die pubertären Schwankungen konnten ohne zu großen Leistungsdruck ausklingen, und danach ging es wieder frisch weiter. Allerdings solltest du deinem Kind keine Vorwürfe machen – sein Selbstwertgefühl wird ohnehin angeknackst sein. Der Grund ist schlicht und einfach hormonell und hat nichts mit schlechter Leistung zu tun. Es wird auch dem Kind guttun, das so einzuordnen.

Außer Leistungsabfall in der Schule können folgende Beschwerden auftreten:

- nervöse Erregbarkeit
- rasche Ermüdbarkeit
- Konzentrationsschwäche
- Schlafstörungen
- Schwindel
- Kopfschmerzen
- Gliederschmerzen
- Herzstiche beziehungsweise starkes Herzklopfen

Tue diese Dinge nicht als eingebildete Wehwehchen ab. Unsere Jungen haben in ihrer Wachstumsphase regelmäßig über Schmerzen in den Knien geklagt. Nimm dein Kind mit seinen Sorgen ernst. Erkläre ihm, daß solche Symptome in der Pubertät zu erwarten sind, und sucht gegebenenfalls den Arzt auf.

Seelische Schwankungen

Eltern denken bei der Pubertät ihrer Kinder häufig nur an körperliche Veränderungen. Wir möchten jedoch eindringlich betonen, daß durch die Hormone auch seelische Veränderungen hervorgerufen werden, die sich bemerkbar machen können durch:

- Stimmungsschwankungen
- Unsicherheit
- Zweifel
- Freiheitsdrang

Es ist für manche Eltern schwer nachvollziehbar, wenn so ein schmusiges Plappermäulchen sich plötzlich in distanziertes Schweigen hüllt oder eben noch scherzt, aber beim nächsten Satz heult. Ständig stellt es kritische Fragen, erledigt Aufgaben nur mürrisch und nimmt sich ungefragt Freiheiten heraus, so daß den Eltern der Mund offen stehenbleibt. Dies ist oft kein persönlicher Angriff auf die elterliche Autorität, sondern kann hormonbedingt sein. Das sollte Eltern versöhnlicher und verständnisvoller stimmen. Vor allem: Es geht vorüber!

Wenn dein Teenager tatsächlich eine Zeitlang auffallende emotionale Probleme hat, dann ordne das bitte nicht als Unbeherrschtheit oder Macke ein, sondern denke an die hormonellen Schübe. Eine Verständnishilfe sind die Stimmungsschwankungen während der Periode. Dahinter stehen ähnliche hormonelle Einflüsse.

Kommst Du zum Beispiel mit deinem pubertierenden Mädchen einfach nicht klar, weil es so starke emotionale Schwankungen hat, dann führe im stillen Buch über ihren Zyklus und notiere täglich ihre Stimmung. Eventuell findest du heraus, daß ihre Gefühlsausbrüche zyklischer Art sind. Du kannst, wie Dobson es humorvoll beschreibt, während dieser Tage in den „sturmsicheren Keller“ gehen. Du kannst deinem Mädchen deine Aufzeichnungen aber auch zeigen und sie ihm erklären. Dabei wird es einiges über sich selbst lernen können.

Wir kennen das alles. Nicht alle Kinder reagieren so, aber einige. Am schlimmsten trifft es die Eltern und Kinder, die nicht darauf vorbereitet sind.

Typische falsche und hilflose Reaktionen sind dann:

- Ironisch herablassend reagieren: „Du hast wohl deine Launen. Da wirst du schon drüberwegkommen."
- Dem Kind den Mund verbieten und überstreng reagieren: „Keine Widerrede. Du tust, was ich sage!"
- Unbeherrscht zurückpoltern: „Halt die Klappe. Du bist wohl total verrückt geworden!"

Wenn Eltern ihre Kinder in dieser sensiblen seelischen Phase so behandeln, werden sich die Auseinandersetzungen entweder zuspitzen, oder das Kind wendet sich ab und zieht sich zurück. In vielen Familien mit Teenagern ist diese Kluft zu beobachten.

Sexuelles Erwachen

Natürlich haben auch jüngere Kinder sexuelle Empfindungen. Während der Pubertät werden sie allerdings durch die hormonellen Umstellungen und das soziale Umfeld verändert. Der Geschlechtstrieb ist nun voll funktionsfähig und muß kontrolliert werden.

Den meisten Eltern ist klar, daß sie mit ihrem Mädchen über die Menstruation, den Beginn ihrer Geschlechtsreife, ausführlich sprechen müssen. Aber sie übersehen, auch mit ihrem Jungen über die Geschlechtsreife zu reden: seinen ersten Samenerguß.

Du mußt deinem Sohn erklären, daß durch diesen körperlichen Vorgang sexuelle Spannungen abgebaut werden.

„Wenn ein Junge nicht richtig darauf vorbereitet ist, kann ein solcher Samenerguß für ihn eine sehr beunruhigende Erfahrung sein. Er wacht mitten in der Nacht auf und stellt fest, daß das Bettuch naß ist von Samenflüssigkeit; dann ist er erschrokken und hat Schuld- und Schamgefühle. Die kann man ihm nehmen, wenn man ihm diesen körperlichen Vorgang rechtzeitig erklärt. In das männliche Fortpflanzungssystem hat Gott nämlich einen ganz besonderen Mechanismus eingebaut, der überflüssige Samenzellen – und damit auch die angestaute sexuelle Energie – freisetzt.

Da jeden Tag Tausende von Samenzellen produziert werden, sind alle Speicher (die Nebenhoden und die Samenblase) irgendwann mit Samenzellen gefüllt. Was dann geschieht, ist so ähnlich wie das Überkochen eines Wassertopfes auf dem Herd. Wenn die männlichen Fortpflanzungsorgane bis zum Überlaufen mit Samenzellen voll sind, wird der Penis ganz besonders empfindlich für jede äußere Erregung, selbst für die einfache Berührung mit der Bettwäsche beim Schlafen. Die geringste Erregung kann schon ausreichen, damit Samenflüssigkeit ausgestoßen wird. Oft bewirkt auch eine volle Harnblase, die auf die Samenblase drückt, einen nächtlichen Samenerguß.

Zur gleichen Zeit hat ein Junge oft einen sexuell betonten Traum. Der Samenerguß ist eine sexuelle Erfahrung, daher ist es nicht ungewöhnlich, wenn er mit einem erregenden Traum verbunden ist. Träume sind etwas Unbewußtes, und wenn ein Junge so etwas erlebt, braucht er sich nicht zu schämen oder Schuldgefühle zu haben, denn Gott weiß wohl, daß er keine Kontrolle über seine Gedanken hat, solange er schläft.

Gott hat diesen Vorgang des nächtlichen Samenergusses eingerichtet, damit die gebildeten Samenzellen und die angestaute sexuelle Energie freigesetzt werden können. Es ist wünschenswert, daß ein Junge von seinem Vater etwas darüber erfährt. Wir müssen unseren Söhnen versichern, daß es etwas ganz Normales ist und daß sie deswegen nicht verlegen zu sein brauchen."[14]

Wie kannst du mit deinen Kindern über Selbstbefriedigung sprechen, ohne übertriebene Schuldgefühle zu nähren? Tatsache ist, daß viele Jugendliche (und auch Erwachsene) sich befriedigen – Jungen intensiver als Mädchen.

Ein Mädchen hat keine direkte biologische Veranlassung dazu. Es kann deswegen auch leichter damit umgehen lernen. Ein Mädchen wird meistens durch körperliche Berührungen anderer oder eigenes Streicheln der Genitalien sexuell erregt. Häufig auch durch die „Aufklärung" anderer Mädchen oder eigenes Entdecken. Der gute Ratschlag, um der Reinheit ihres Herzens willen doch von vornherein die Finger davon zu lassen, wird eher befolgt werden, wenn er rechtzeitig erteilt wird, nämlich bevor ein Mädchen damit konfrontiert wird.

Einem Jungen wird der gleiche Ratschlag gegeben, nur sollte ihm noch die Funktion des nächtlichen Samenergusses erklärt werden.

Kann denn nun Selbstbefriedigung Schaden anrichten? Nein, wenn es lediglich eine gelegentliche Handlung ist, um sexuelle Spannung abzubauen. Die alten Greuelgeschichten, dadurch würden Lebenskräfte verbraucht oder Impotenz bewirkt, sind falsch. Aber es ist auch nicht richtig, zu behaupten, es läge überhaupt keine Gefahr darin, oder sie sogar als „Selbstentdeckung des eigenen Körpers" zu propagieren, wie es in Jugendzeitschriften wie „Bravo" zu lesen ist. Selbstbefriedigung kann Schaden anrichten, wenn sie häufig praktiziert und zur Sucht wird oder jemand in eine sexuelle Traumwelt flieht, denn ohne sexuelle Phantasien ist sie kaum möglich. Der Schaden ist eher seelischer als körperlicher Art.

Damit wird auch gleich die zweite, häufig gestellte Frage geklärt: Ist es nun Sünde oder nicht?

Wenn darunter, wie es der griechische Bibeltext betont, eine „Zielverfehlung" zu verstehen ist, dann ist es Sünde. Gott hat Sexualität für die Zweisamkeit in der Ehe geschaffen. Damit ist Selbstbefriedigung eine Verfehlung der Schöpfungsordnung Gottes und Sünde. Ganz bestimmt, wenn sich jemand dabei Geschlechtsverkehr vorstellt oder pornographische Bilder benutzt, um sich sexuell zu stimulieren. In der Bergpredigt liest du: „Jeder, der eine Frau ansieht, sie zu begehren, hat schon Ehebruch mit ihr begangen in seinem Herzen" (Matthäus 5,28).

Wir Eltern möchten nicht, daß sich ein Kind durch überhöhte moralische Erwartungen ständig mit Schuld- oder Minderwertigkeitsgefühlen herumschlägt, weil es gelegentliche Selbstbefriedigung nicht in den Griff bekommt. Wir wollen jedoch auch nicht, daß es durch „Gossenaufklärung" und verführerische Jugendzeitschriften in sexuellen Phantasien schwelgt und in den Teenagerjahren nicht von Selbstbefriedigung loskommt.

Laß es dir noch einmal sagen: Ein Kind, das sich geliebt und ermutigt weiß, sich beschäftigen kann, sich selbst etwas zutraut und dadurch Erfolgserlebnisse hat, um die Zusammenhänge von Selbstbefriedigung weiß und sich selbst Ziele setzt, wird seltener in Versuchung geraten, sich „selbst" zu trösten, als ein Kind, dem dieses alles fehlt.

Im Vergleich zu früheren Generationen werden Kinder heute wesentlich früher in die Erwachsenenkultur hineingenommen. Das betrifft ganz besonders gegengeschlechtliche Freundschaften und Sexualität. Schuld daran ist vor allem die Akzeleration, die im ungünstigsten Fall schon Zwölfjährige erwachsen aussehen läßt, und der Einfluß von Medien aller Art: Zeitschriften, Filme, Musik. Unausgesprochen besteht bereits in der sechsten Schulklasse der Druck, eine „feste" Freundin beziehungsweise einen Freund zu haben, um Zärtlichkeit und

Sexualität auszuprobieren. Eltern schauen sich das kommentarlos an.

Dabei stecken gerade Pubertierende voller widersprüchlicher Gefühle dem anderen Geschlecht gegenüber. Wenn man Kindern zuhört: Was sind Jungen doch „blöde" in den Augen der Mädchen und die Mädchen „zickig" nach Meinung der Jungen. Früher hat man sich tüchtig geärgert und heimlich verliebt. Heute „muß" man gleich so tun wie die Erwachsenen und als festes Paar durch die Gegend schmusen.

Du verhältst dich nicht falsch, wenn du zum Beispiel deinem Mädchen erklärst, daß dieses widersprüchliche Gefühl Jungen gegenüber zur Pubertät gehört, und es ermutigst, seinen Gefühlen zu folgen, Abstand zu Jungen zu halten und sich an alterstypischen Dingen zu freuen.

Einer unserer Jungen war als junger Teenager ein ganz Hübscher, und die Mädchen stellten ihm in Scharen nach. Was war ihm das peinlich! Solch ein Hinweis, seiner inneren Stimme zu folgen und einen eigenen Weg zu gehen, kann für manch ein Kind – leider nicht für jedes – wie eine Erlösung wirken.

Du kannst, ohne groß Druck auszuüben, durchaus dafür sorgen, daß dein Kind nicht zu früh von der typischen „Teenagerkultur" vereinnahmt wird. Laß es altersgemäß aufwachsen. Wenn es nur Erwachsene um sich hat oder nur mit älteren Kindern spielt, wird es in der Vorpubertät logischerweise schon mit Teenagerproblemen konfrontiert. Wir sind sehr dafür, Kinder als reife Persönlichkeiten anzusprechen, aber es gibt auch Eltern, die putzen ihre Zehnjährige schon wie einen Teenager heraus, rümpfen bei altersgemäßen, typischen Kinderspielen herablassend die Nase und projizieren die Erwachsenenwelt mit dem eigenen Fernseher ins Kinderzimmer.

Wir freuen uns von Herzen, wenn wir einen vierzehnjährigen Jungen sehen, der stundenlang mit seinem Mountainbike durch Kuhlen fegt und meint, er sei ein Cowboy im Wilden Westen, oder ein Mädchen, das ihr Zimmer mit Pferdepostern vollgeklebt hat und nur davon träumt, ein Pferd im Reitstall nebenan versorgen zu dürfen.

Uns kommt natürlich der Umgang in einer großen Familie zugute. Da fällt es überhaupt nicht auf, wenn eine Fünfzehnjährige mit ihren jüngeren Geschwistern in der Sandkiste wühlt oder mit Spielzeugautos über den Teppich rast. Ein Einzelkind hat es da als Teenager schwerer.

Aber auch wenn du eine kleinere Familie hast, kannst du viel tun, um deinem Kind eine gesunde Kindheit zu ermöglichen. Ein Vater, den diese kritischen Zusammenhänge alarmierten, hat sich bewußt viel Zeit für gemeinsame Aktivitäten und Sport mit seinen Kindern genommen, als sie in diesem Alter waren – beinah täglich ein bis zwei Stunden. Das hat einen enormen Zusammenhalt bewirkt und auch die Freunde der Kinder, die begeistert mitmachten, von altersuntypischen Unternehmungen abgehalten, so daß sie einige Jahre eine verschworene Gruppe waren.

Mit dem Kind sprechen

Aber jetzt geht es darum, wie du deinem Kind die Dinge, die dir klargeworden sind, erläutern kannst, kurz bevor die enormen Umstellungen der Pubertät beginnen.

Wir konnten uns mit unseren Kindern immer gut über geschlechtliche Fragen unterhalten, besonders in entspannter Urlaubsatmosphäre, wenn es einen aktuellen Anlaß gab. Aber trotz der offenen Umgangsformen war uns etwas ungemütlich zumute, als dieses entscheidende Gespräch anstand. Plötzlich fiel uns nichts mehr ein …

Also suchte Eberhard nach einem Buch für Zwölfjährige, fand aber außer einem, das es auch schon in seiner Kindheit gab, kein passendes. Über die Anrede mit „Buben und Mädels“ hätten unsere Teenie-Anwärter nur gelacht …

Glücklicherweise waren unsere ersten so vertrauensvoll und unbefangen, daß sie unserem Versuch aufmerksam lauschten und dann aufrichtige Fragen stellten. Aus diesem und weiteren Gesprächen haben wir viel gelernt. Wir machten uns Notizen und stellten eine neue Gliederung auf, denn schließlich sollten noch zehn weitere Kinder folgen. Darüber hinaus standen noch eine Reihe anderer Eltern in den „Startlöchern“, die unsere Fehler vermeiden und die „Sahne“ von unseren Erfahrungen abschöpfen wollten.

In unserem Freundeskreis sind wir diejenigen mit den ältesten Kindern. Wenn wir unseren Freunden mit Schweißperlen an der Stirn von unseren Gesprächsergebnissen berichteten, klopften sie uns ermutigend auf die Schulter und meinten: „Man weiter so. Entdeckt noch ein paar Fehler an euch. Um so weniger werden wir dann machen.“

Weil einfach kein passendes Teenie-Buch zur Vorbereitung auf die Pubertät aufzutreiben war, setzte sich Eberhard damals mit unseren sieben Teenies zusammen und schrieb mit ihnen das Büchlein „Zwischen 12 und 17 – Tips für Teens“.

Sie haben sein Manuskript ganz schön zusammengestrichen

und treffende Beispiele geliefert: „Papa, so kannst du das doch nicht schreiben ... Das versteht doch kein Teenie!" oder „Also, das Beispiel muß unbedingt noch rein." Übrigens, das gemeinsame Arbeiten an dem Buch war die intensivste Vorbereitung auf die Pubertät, die wir ihnen geben konnten.

Dadurch hast du es mit deinem Kind jetzt leichter als wir am Anfang. Arbeite das Buch zusammen mit deinem Zwölfjährigen durch, oder laß es ihn allein lesen, und sprich intensiv mit ihm darüber. Frage ihn: „Hast du alles verstanden?", „Sag mal, wie siehst du das?", „Was meinen deine Freunde dazu?" oder „Hast du noch Fragen?"

Bei diesem Gespräch legen wir auf drei Gedanken besonderen Wert:

- Erklärung der körperlichen Umstellungen
- Hinweise auf die seelischen Veränderungen
- Hinweise auf die Verantwortung im sexuellen Bereich

Folgende Stichworte haben wir uns gemacht. Sie fassen in kindgerechten Worten zusammen, was bisher gesagt wurde, und helfen dir, beim Wesentlichen zu bleiben. Mache dir doch einen „Spickzettel", oder kopiere dir diese Gliederung heraus.

Zunächst einmal mußt du deinem Kind das Fremdwort „Pubertät" erklären.

Du kannst sagen: „Pubertät heißt, dein Körper bereitet sich auf die Aufgabe der Elternschaft vor. Er entwickelt die Fähigkeit, Kinder zu zeugen beziehungsweise Kinder zu bekommen. Dein Körper wird also geschlechtsreif, obwohl es noch viele Jahre dauern wird, bis du eine Familie gründen kannst."

Erklärung der körperlichen Umstellungen

„Pubertät bedeutet: Dein Körper bereitet sich auf die Aufgabe der Elternschaft vor. Du wirst einige vielleicht beunruhigende Veränderungen in deinem Körper und deiner seelischen Verfassung feststellen. Aber sei beruhigt, das hat jeder erlebt – ich auch –, und es geht garantiert vorüber.

– Du wirst eine Zeitlang schneller wachsen; das wird viel

Kraft und Energie in Anspruch nehmen. Wundere dich nicht, wenn du öfter müde bist. Achte auf eine gesunde Ernährung.

– Dein Körper wird bald erwachsen werden.

Bei Jungen: Es werden in den Achseln und in der Geschlechtsgegend Haare wachsen, und die ersten Barthaare werden sprießen. Deine Stimme wird tiefer werden. Die Geschlechtsorgane werden größer. Eventuell wirst du Hautprobleme bekommen durch die Absonderung von Fetten.

Bei Mädchen: Der weibliche Körper durchläuft noch mehr Wandlungen als der männliche, weil er sich auf die komplizierte Aufgabe der Mutterschaft vorbereitet. Die Menstruation ist nichts, was du fürchten müßtest. Dein Körper teilt dir mit, daß du nun kein Kind mehr bist. Du wirst rundlicher, deine Brust wird sich entwickeln, und dir werden an denselben Stellen Haare wachsen wie den Jungen (dazu kommen weitere praktische Ratschläge für den Tag der ersten Blutung).

– Jeder Junge und jedes Mädchen hat seinen eigenen Fahrplan. Bei Mädchen zwischen zehn und siebzehn Jahren, bei Jungen zwischen zwölf und neunzehn Jahren.

Du siehst, die Zeitspanne kann recht groß sein. Es ist ganz normal, daß sich einige Teenager schneller entwickeln als andere. Sei also nicht beunruhigt, wenn es bei dir nicht so schnell gehen sollte wie bei den anderen. Gott hat noch keinen bei der Pubertät übersehen.

Hinweis auf seelische Veränderungen

So, wie sich dein Körper umstellt, muß sich auch dein seelisches Empfinden auf das Erwachsenwerden einstellen:

– Die Pubertät wird eine Zeit der gefühlsmäßigen Höhen und Tiefen sein. Du wirst dir manchmal lächerlich, wertlos oder minderwertig vorkommen. Ich sage es dir jetzt schon, damit du dann nicht beunruhigt bist und auch weißt, daß das normal ist.

– Pubertät ist auch eine Zeit des Zweifelns. In den letzten Jahren haben wir Eltern dich gelehrt, was richtig ist und wie du denken solltest. Wenn du älter wirst, wirst du manches von diesen Dingen hinterfragen. Das ist dein gutes Recht. Du sollst nicht uns zuliebe brav sein oder nur, weil du Angst vor Strafe hast, sondern weil es die persönliche Entscheidung deines Herzens ist und du Gott gefallen möchtest. Dafür bete ich, und dabei will ich dir helfen.

– Gerade weil Teenager innerlich unsicher sind, zählt die Meinung der Gruppe sehr viel. Wer will schon gern von den Klassenkameraden ausgelacht werden? Dieser Gruppendruck kann dich aber auch zu Dingen verführen, die du eigentlich gar nicht willst. Viele Verführungen kommen auf dich zu: Zigaretten, Alkohol, Drogen, Diebstahl, Schmusereien ... Kannst du nein sagen? Habe Mut, anders zu sein!

– Auf dem Weg zum Erwachsenwerden bist du aber auch auf der Suche nach deinem eigenen Ich. Es gibt viele falsche Lebensinhalte. Zum Beispiel gelten Schönheit, Intelligenz und Geld in unserer Gesellschaft für viele am meisten. Gott hat andere Wertmaßstäbe: Er liebt dich, so, wie du bist, und stellt dir Aufgaben für dein Leben. Lerne die Fähigkeiten und Begabungen zu entdecken, mit denen du später einmal Gott dienen kannst. Suche dir gute Freunde, mit denen du auch über die tiefen Werte des Lebens sprechen kannst.

Hinweis auf die Verantwortung im sexuellen Bereich

– Du wirst mehr und mehr interessiert sein an Menschen des anderen Geschlechts und ganz neue Gefühle entdecken. Daran ist überhaupt nichts Schlechtes. Gott hat es so gewollt, damit wir uns einmal eine eigene Familie wünschen.

– Gott hat auch das geschlechtliche Verlangen in dich hineingelegt, aber er erwartet auch, daß du es in der Gewalt hast! In der Bibel lesen wir mehrmals, daß wir unseren Körper für die Person aufheben sollen, die wir einmal heiraten werden. Es wäre gut, wenn du dich jetzt schon entscheiden würdest, diese Forderung zu befolgen. Du wirst die Erfahrung machen, daß man dir von vielen Seiten etwas anderes einreden will (zum Beispiel in der „Bravo“).

– Selbstbefriedigung. Leider sind viele Jungen und Mädchen während ihrer Teenagerzeit darin verstrickt. Durch die Produktion und Aufspeicherung von Samenzellen sind Jungen weitaus anfälliger dafür als Mädchen. Normalerweise geschieht von Zeit zu Zeit im Schlaf ein Samenerguß von selbst. Oftmals ist er mit schönen Gefühlen verbunden, so daß du verleitet sein könntest, es selbst herbeizuführen, indem du deine Geschlechtsteile streichelst. Nimm meinen Ratschlag an: Laß von vornherein die Finger davon! Für die, die es oft tun, kann daraus eine Sucht werden, von der sie nicht loskommen und die sie unglücklich macht.

– Homosexualität. Viele meinen, Homosexualität wäre etwas Harmloses. Die Bibel verurteilt sie jedoch als Sünde, weil der Mensch seine Geschlechtlichkeit mißbraucht. Gemeint ist, daß Menschen gleichen Geschlechts miteinander zärtlich sind und sich geschlechtlich erregen. Laß dich nicht von einem anderen Jungen bzw. Mädchen verleiten, euch gegenseitig zu streicheln und zu erregen; erst recht nicht von einem Erwachsenen. Sag mir, wenn es jemand versuchen sollte.

– Freundschaft und Liebe. Bewahre eine Haltung der Höflichkeit und des Respekts vor dem anderen Geschlecht. Mach die schmutzigen Sprüche nicht mit, und bewahre dir reine Gedanken.

Laß dich nicht auf Schmusereien und oberflächliche Teenie-Freundschaften ein. Deine eigene Persönlichkeit muß erst reifen. Gott hat schon einen richtigen Lebenspartner für dich; den wirst du aber in den Teenagerjahren wohl noch nicht finden.

Wenn du später eine/n Freund/in suchst, halte nur nach einem/er gläubigen Ausschau. Mit einem anderen Partner fehlt dir die gemeinsame Basis für ein christliches Eheleben.

Die meisten Teenager haben eine falsche Vorstellung von Liebe: Liebe sei ein seltsames, kitzeliges Gefühl, das kommt und geht, wie es will. Richtige Liebe aber ist eine Willensentscheidung, jemanden zu lieben und ein ganzes Leben lang treu zu sein. Diese Entscheidung muß man sich gut überlegen, und du bist als Teenager einfach noch überfordert damit."[15]

Wenn es dir schwerfällt, passende, kindgerechte Formulierungen zu finden, dann schau in das Büchlein „Zwischen 12 und 17", denn diese Stichworte findest du dort ausführlich für Teenager beschrieben wieder.

Für ein Kind, das kurz vor der Pubertät steht, mögen diese Gedanken ausreichen. Je nach Reife- und Wissensstand kannst

du sie kürzen oder erweitern. Vielleicht mußt du noch einmal die Funktion der Geschlechtsorgane, den Geschlechtsverkehr oder das werdende Leben beschreiben. Die Ausführungen und Abbildungen in Tim LaHayes Buch können dir dabei eine wertvolle Hilfe sein.

Laß dich nicht irritieren, wenn dein Kind wenig oder gar keine Fragen stellt und dir nur verschlossen zuhört. Auch wir haben solche und solche gehabt. Das liegt entweder an der Persönlichkeit des Kindes oder daran, daß es ihm auf Grund der beginnenden Pubertät bereits peinlich ist. Auch wenn es wenig äußere Anzeichen gibt, du kannst gewiß sein: Es hört dir zu! Denn diese Fragen haben es ganz gewiß schon beschäftigt, und es ist froh, neben all dem schmutzigen Gemunkele ein klares Wort von dir zu hören, an das es sich halten kann.

Bete, daß die Prinzipien, die du weitergibst, durch den Heiligen Geist ganz tief ins Herz fallen, dort aufbewahrt werden und in kritischen Momenten wieder gegenwärtig sind. Zum Beispiel der Gedanke: „Hab Mut, nein zu sagen", oder „Heb deinen Körper für die Person auf, die dir Gott einmal als Ehepartner zeigen wird."

Stimmt die Vertrauensbasis, dann sind deine Ratschläge wie ein innerer Summer, der den Heranwachsenden mahnt, auf dem rechten Weg zu bleiben. Selbst wenn ein Jugendlicher sich anders entscheiden sollte, ist es wichtig, daß du ihm den richtigen Weg gezeigt hast. Dies kann ihm eine spätere Rückkehr zu den Maßstäben der Bibel ermöglichen.

Wie wir schon gesagt haben, müssen weitere Gespräche mit dem Teenager folgen. Aber jetzt hast du etwas, worauf du aufbauen kannst und wozu er Fragen stellen kann. Für Vierzehn- bis Neunzehnjährige hat Tim LaHaye in seinem schon öfter genannten Buch[16] einen ausgezeichneten Fragenkatalog mit entsprechenden Antworten für Väter und Söhne beziehungsweise Mütter und Töchter zusammengestellt, an dem du dich für weitere Gespräche gut orientieren kannst.

Teil II

Mit Teenagern unter einem Dach – gute Freunde bleiben!

Hast du Ziele?

Im Beruf, selbst in der Gemeinde, sind Mitarbeiter gewohnt, Ziele zu formulieren und in Angriff zu nehmen. Man spricht von weitgesteckten, mittel- und kurzfristigen Zielen.

Welche Pläne hast du für die Teenagerjahre deines Kindes? Wie möchtest du die nächsten Jahre mit ihm zusammenleben? Mit klaren Vorstellungen wirst du dich entspannter und sicherer fühlen, wenn es einmal kriseln sollte.

Die Jahre zwischen zwölf und zwanzig können die aufregendsten und schönsten für Eltern werden. Nun gut, wir können nicht mehr so einfach unseren Willen durchsetzen. Wenn früher ein Urlaub anstand und du hast gesagt: „Wir fahren an die Nordsee!", dann sind alle mitgezuckelt. Jetzt sind sie junge Erwachsene, und du kannst ihnen nicht einfach fertige Entscheidungen vor die Nase setzen. Pläne müssen gemeinsam durchgesprochen und beschlossen werden. Aber auch das hat seinen Reiz: Mit ihnen diskutieren, die eigenen Erfahrungen weitergeben und miterleben, wie Teenager in ihrem eigenen Erfahrungshorizont reifer werden!

Stell dich darauf ein: Mit Teenagern unter einem Dach leben ist etwas anderes als mit kleinen Kindern! Eltern müssen mit ihren Kindern reifen und wachsen. Manche haben noch gar nicht richtig bemerkt, wie groß ihre Kinder geworden sind, und behandeln sie nach wie vor wie kleine Kinder. Das ruft Protest und Widerwillen hervor.

Wir möchten in dir eine positive, hoffnungsvolle Erwartung auf die Teenagerjahre wecken. Du träumst sicher auch von einem angenehmen Zusammenleben mit deinen Kindern, bevor sie als Erwachsene das Haus verlassen: ein Leben mit gegenseitiger Achtung, gemeinsamen Unternehmungen, ausgelassenem Spaß und vielen Gesprächen.

Warum soll es dir nicht gelingen? Vermeide die Kardinalfehler gedankenloser beziehungsweise engstirniger Eltern, und du sorgst schon für wesentliche Voraussetzungen!

Sowohl die Beziehung zu deinen Kindern als auch zu deinem Ehepartner wird sich ändern. Deswegen sind zwei Ziele wichtig: neuer Schwung in deiner Ehebeziehung und gute Umgangsformen mit deinen Großen!

Jetzt, wo deine Kinder in die Teenagerjahre kommen, spürst du noch stärker, daß sie selbständiger werden und in absehbarer Zeit aus dem Haus gehen. Viele Eltern erleben die Teenagerzeit ihrer Kinder in der eigenen „Midlife-Krise". Nicht nur die heranwachsenden Kinder fragen sich: „Was ist eigentlich der Sinn meines Lebens?" und müssen zu einer neuen Identität finden – Eltern geht es zur selben Zeit genauso!

Freue dich: Ihr beide werdet als Ehepartner zunehmend mehr Zeit füreinander haben und dürft jetzt schon davon träumen, wie es wird, wenn ihr wieder ganz zu zweit seid – wie zu Beginn eurer Ehe.

Du mußt nicht mehr ständig zur Verfügung stehen, und die mühsame Kleinarbeit mit Anziehen, Ausziehen, Broteschmieren und Naseputzen fällt jetzt weg. Teenager brauchen nach wie vor Aufmerksamkeit und Zeit, aber anders als früher: mehr punktuell mit Pausen dazwischen. Dein Großer will selbständiger sein, Zeit allein, aber auch mit dir verbringen.

Ihr könnt abends wieder zu zweit ausgehen oder ein romantisches Wochenende einplanen, ohne für einen Babysitter sorgen zu müssen: Es eröffnen sich phantastische Möglichkeiten für euch zwei. Nutzt sie! Lernt euch wieder neu kennen und lieben. Sucht nach Möglichkeiten, Gott gemeinsam zu dienen.

Wenn ihr beide euch gut versteht, fällt es euch leichter, den Teenager loszulassen. Eltern, die ihre Kinder an sich ketten, haben oft selbst ein emotionales Defizit und leiden an ihrer Ehe.

Einem Teenager gibt es Sicherheit zu sehen: Meine Eltern verstehen sich. Sie werden sich nicht trennen oder mich im Stich lassen. Vergiß nicht: An euch kann dein Kind runde zwanzig Jahre studieren, wie eine Ehe geführt wird, und ob es erstrebenswert ist, selbst einmal zu heiraten. In unserer Gesellschaft sind viele junge Leute zu dem Schluß gekommen, daß es sich nicht lohnt. Du kannst deinen Kindern kaum etwas Besseres mitgeben als das Vorbild einer harmonischen, von Romantik und Achtung getragenen Ehe.

Eine stabile Beziehung hilft auch, harte Zeiten durchzustehen, falls ein Teenager einmal großen Kummer machen sollte. Wir beide haben uns einige Male weinend in den Armen gelegen und uns gegenseitig getröstet: „Nur gut, daß wir einander haben! Dieser Kummer wird vorübergehen. Auch unser Sorgenkind wird eines Tages selbständig werden und aus dem Haus gehen. Aber wir bleiben immer zusammen und werden füreinander da sein." In Krisensituationen ist dieser Zuspruch neben dem Gebet die stärkste Kraftquelle.

Im Vergleich zu jüngeren Kindern müssen sich die Umgangsformen mit deinem Teenager ändern.

In unserem Buch „Is' was, Mama?" haben wir das „Ziel aller Erziehung" beschrieben. Das solltest du dir, jetzt, wo du einen Teenager hast, noch einmal in Erinnerung rufen:

„Nimmst du dir wieder Gott, deinen himmlischen Vater, als Vorbild, dann siehst du: Es ist sein Ziel, dich anzuleiten und zu ‚bevollmächtigen', in seiner Kraft und in Gemeinschaft mit ihm zu leben. ‚Wir sind Gottes Mitarbeiter', sagt der Apostel Paulus dazu (1. Korinther 3,9). Mit der gleichen Haltung ist Jesus seinen Jüngern begegnet: Er hat sie in seine Jüngerschaft genommen, das heißt, mit ihnen gelebt, sie belehrt und angeleitet, eigenständig in seinem Namen Gottes Reich zu bauen.

Christliche Elternschaft geht einen ähnlichen Weg. Wie klingt das? Deine Familie ist eine ‚Jüngerschaftsschule' über runde zwanzig Jahre! Du lebst mit deinen Kindern, teilst mit ihnen dein Leben, belehrst und leitest sie zu einem selbstverantwortlichen Leben vor Gott an. Das nennt die Bibel ‚bevollmächtigen'.

Bitte, mach dir immer wieder klar, daß dein Kind nicht dein, sondern Gottes Eigentum ist, das er dir als eine Gabe für die Jahre der Unmündigkeit anvertraut hat. So steht es in Psalm 127,3. Christliche Erziehung ist immer eine Anleitung zu einer größer werdenden Eigenverantwortung vor Gott. Christliche Eltern werden sich immer im ‚Loslassen' einüben und sich damit ‚arbeitslos' machen! ...

Die folgende Skizze zeigt dir den Verlauf einer ‚Bevollmächtigung' zu immer größerer Eigenständigkeit und Selbstkontrolle deines Kindes.

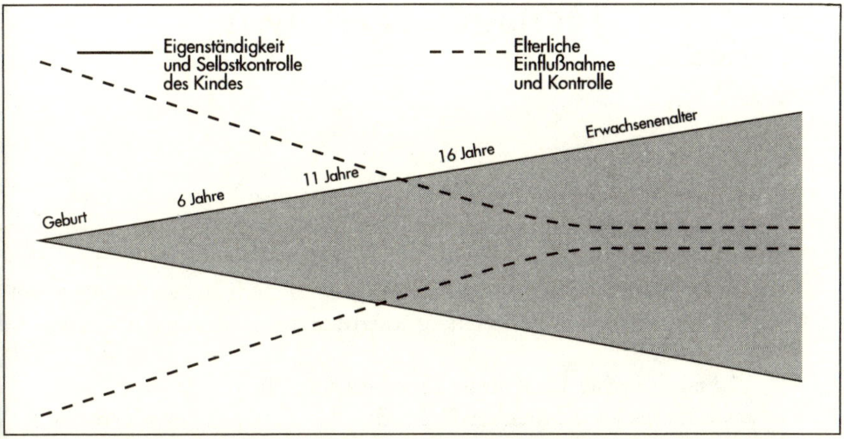

(B.N. Chase, „Discipline them, love them", David C. Cook Publishing)

Die graue Fläche zeigt die gewünschte Eigenständigkeit und Selbstkontrolle des Kindes, die mit dem Alter zunimmt. Die Fläche zwischen den gestrichelten Linien deutet die zunächst große elterliche Kontrolle und Einflußnahme an, die aber mit dem Älterwerden des Kindes abnehmen muß und von dessen Eigenkontrolle abgelöst wird."[17]

Du siehst, jetzt wird es ernst: Dein Teenager muß noch eigenständiger und verantwortungsbewußter werden und umsetzen, was er in der Vorpubertät „geübt" hat. Hast du in den letzten Jahren schon darauf geachtet, wird es wesentlich reibungsloser ablaufen.

Zu deinen Zielen wird gehören:

- Weniger dirigieren, dafür mehr beraten und begleiten!
- Eigenständigkeit schulen und das Selbstwertgefühl stärken!
- Gute Kommunikation pflegen und eine begeisternde Lebensvision mitgeben!
- Und vor allem: Alles daran setzen, gute Freunde zu bleiben!

Teenager verstehen

Wenn sich Erwachsene über Teenager und ihre Aktivitäten unterhalten, stößt man häufig auf zwei extreme Positionen: Die einen dramatisieren die Gefahren und sehen alles schwarz, die anderen verharmlosen und meinen locker: „Wir haben früher auch Dummheiten gemacht, und trotzdem ist etwas aus uns geworden."

Wer hat recht? Bedeutet „Teenager sein" heute wirklich etwas anderes als zu unserer Zeit oder der Zeit unserer Eltern? Nein, Teenager sein bedeutet nach wie vor: sich orientieren, eine eigene Identität finden und selbständig werden. Es ist ein Alter, in dem Gleichaltrige enorm wichtig werden, Körper und Sexualität sich entwickeln und manchem zu schaffen machen. Alles, womit Erwachsene sich beschäftigen, interessiert und muß ausprobiert werden.

Die Themen haben sich nicht groß geändert, die Lebensumstände um so mehr:

- Junge Leute reifen heute körperlich und seelisch viel früher als vor einigen Generationen.
- Freundschaft und Liebe waren schon immer wichtig. Aber man hat nicht schon so jung sexuelle Erfahrungen gemacht und war deshalb auch nicht so stark von Geschlechtskrankheiten bedroht.
- Unsere Eltern machten sich hauptsächlich Sorgen um Alkohol. Heute stehen Jugendlichen alle Drogenarten zur Verfügung. Außerdem hat die Gewalttätigkeit bedrohlich zugenommen.
- Durch Wissensexplosion und Medienschwemme sind Erwachsenenprobleme zu Teenagerproblemen geworden.
- Sie haben weniger gute Vorbilder und Freunde in unserer Gesellschaft. Lehrer ermutigen zu Experimenten, die früher tabu waren, und Nachbarn sind Fremde geworden.
- Durch längere Ausbildungszeiten und damit verbundene

finanzielle Abhängigkeit können Kinder erst wesentlich später von zu Hause ausziehen als früher.

Deshalb haben Teenager es heute schwerer, sich in der Erwachsenenwelt zurechtzufinden und zu einer gesunden Persönlichkeit heranzuwachsen.

Und Teenager, die in einem christlichen Elternhaus leben, erst recht! Dein Kind wächst in einer Welt auf, die ihm täglich das genaue Gegenteil deines christlichen Lebensstils vorlebt. Diese Konfrontation kann so stark werden, daß manche Familien ihr nicht gewachsen sind. Aber wenn du weißt, womit dein Kind fertig werden muß, kannst du seine Situation besser verstehen und wirst sein Verhalten nicht so schnell falsch interpretieren. Eine erwachsene Identität zu finden bringt Unruhe und führt manchmal zu Zusammenstößen zwischen dem Jugendlichen und seinen Eltern. Du kannst mit deinem Kind über seine Situation sprechen und ihm damit helfen, den Abschied von der Kindheit nicht als traumatische Erfahrung zu erleben, sondern als aufrichtige Suche und als Reifeprozeß.

Wenn du deinem zukünftigen Teenager erfolgreich beistehen willst, mußt du seine Welt mit ihren Herausforderungen und Gefahren kennenlernen. Du mußt dir die Mühe machen, informiert zu sein und zu bleiben, um ein kompetenter Gesprächspartner zu sein. Dann kannst du ihn besser verstehen, ihn vor „Fallen" warnen und Alternativen anbieten. Und wenn du etwas verbieten mußt, bist du in der Lage, es sachlich zu begründen.

In seinem Buch „Kinder in der Zerreißprobe" (Verlag Schulte & Gerth) beschreibt Eberhard, wie die Medien, Jugendzeitschriften wie zum Beispiel „Bravo", Fernsehen und Video, aber auch die Schule und die Musikszene die Kinder beeinflussen. In diesem Buch werden wir nicht weiter darauf eingehen, da es genügend andere Quellen gibt, die du studieren kannst:

- zum Einfluß von Ideologien und Schule: Helmut Schoeck, „Kinderverstörung – Die mißbrauchte Kindheit, Umschulung auf eine andere Republik" (MUT-Verlag, Asendorf).

– zur Musikszene: John Rockwell, „Trommelfeuer – Rocktexte und ihre Wirkungen“ (Verlag Schulte & Gerth), sowie Michael Buschmann, „Rock im Rückwärtsgang“ (Verlag Schulte & Gerth).
– zu Okkultismus: Bob u. Gretchen Passantino, „Auf Teufel komm raus? Wie schützen wir unsere Kinder vor Satanismus, Hexerei und dem Okkulten?“ (Verlag Schulte & Gerth).

Eine eigene Identität finden – anders als Mama und Papa –, das Bedürfnis nach Unabhängigkeit, von Gleichaltrigen anerkannt zu werden und sich unter ihnen zu bewähren sind für einen Heranwachsenden enorm wichtige Themen. Eltern, die das nicht wissen und berücksichtigen, werden Teenager niemals richtig verstehen!

Früher, vor der industriellen Revolution beispielsweise, hatten Jugendliche es nicht so schwer, eine eigene Identität und Anerkennung innerhalb ihrer Umwelt zu finden. Jugendliche lebten und arbeiteten mit ihren Eltern oder ihrem Lehrherrn, und wenn sie ihr Handwerk beziehungsweise ihr Gewerbe beherrschten, waren sie erwachsen und bereit für eine Ehe. Eine eigene Handwerksausbildung war Eintritt in die Erwachsenenwelt.

Dieser Prozeß ging durch die Industrialisierung und Technisierung unserer modernen Gesellschaft verloren. Die Zeitspanne zwischen Kindheit und Erwachsensein ist immer größer geworden. Die Teenager-Subkultur ist eine relativ junge Einrichtung. Sind sie nun Kinder oder bereits Erwachsene? Was hilft eine gesetzliche Volljährigkeit, wenn man finanziell nach wie vor voll von seinen Eltern abhängig ist?

Diese Identitätskrise führt bei manchen Jugendlichen verständlicherweise zu Spannungen mit ihren Eltern und der Umwelt.

Interessanterweise beobachtet man auch Jugendliche, die keine derartige Krise durchleben. Zum Beispiel solche, die eine erfüllende Beschäftigung als Sportler oder Musiker haben, und andere, die bereits in jungem Alter Verantwortung tragen und Bestätigung bekommen.

Jugendliche, die so etwas nicht erleben, schaffen sich eine

Subkultur als Versuch, eine eigene Identität aufzurichten. Jay Kesler hat beobachtet, daß es innerhalb der Schulen etwa acht bis zehn unterschiedliche Gruppen von Schülern gibt: „Am einen Ende des Spektrums finden sich die Fixer, die Angeber und die Abgebrannten; dann kommen die Sportler und die Fetenfeiernden; danach die Stimmungsmacher und die Politischen und schließlich die Superhirne, die Musterschüler und die Computer-Freaks. Junge Leute überlegen sich, zu welcher Gruppe sie zählen wollen, und signalisieren ihren Entschluß dann durch ihre Aufmachung, ihre Musik und ihre ‚Sprüche'."[18]

Je größer die persönliche Unsicherheit des Teenagers ist, desto stärker der sklavenhafte Gehorsam, die Gebote der Gruppe zu erfüllen.

Auf der Suche nach Sinnfülle und Identität fühlen sich viele Teenager allein gelassen, wie in einem „luftleeren" Raum; folglich füllen sie diese Zeit mit mehr oder weniger konstruktiven Einfällen.

Kannst du deinen Teenager jetzt besser verstehen? Weißt du, wie du ihm helfen kannst, seine eigene Identität zu finden? Diskutiere mit ihm Sinnfragen. Unterhaltet euch über Persönlichkeitsstärken und -schwächen. Mache Vorschläge, wie er einem guten Hobby nachgehen und wie er Gott dienen kann. Traue ihm etwas zu!

Diese Suche nach Identität kann mit dem „Lenken eines Autos" verglichen werden: Viele Teenager sind ruhelos und erscheinen rebellisch, weil ihre Eltern nach wie vor auf dem Fahrersitz hocken und das Leben ihrer Kinder lenken. Irrtümlicherweise empfinden solche Eltern die Aufmüpfigkeit ihrer Heranwachsenden als persönliche Ablehnung – dabei wollen die Kinder nichts anderes als endlich hinters Steuer, um mehr Kontrolle über ihr Leben zu bekommen und mitzubestimmen. Eltern zögern, Kontrolle abzubauen, aus Sorge, ihr Kind könnte falsche Entscheidungen treffen. Gleichzeitig fragen sich die Kinder, wie sie jemals lernen sollen, eigene Entscheidungen zu treffen, wenn sie niemals die Möglichkeit dazu bekommen. Bleiben beide Parteien uneinsichtig, kann es passieren, daß ein Teenager wütend allein mit dem Wagen davondüst, während die Eltern händeringend zurückbleiben.

No FUTURE
POWER to the people
Its the Spirit of live...
$V=\pi \cdot R^2 \cdot h$
$V=\frac{1}{3}\pi \cdot R^2 \cdot h$
$P=\pi R^2 h \cdot 2,7$

Ist es da nicht klüger, den Fahrersitz rechtzeitig zu räumen und mit Einwilligung des Teenagers auf dem Beifahrersitz Platz zu nehmen, um ihn auf seiner Fahrt in die Eigenständigkeit zu beraten und zu begleiten?

Nimm dir dieses Bild zu Herzen, und mache es dir und deinem Kind in den nächsten Jahren nicht schwerer als nötig!

Beraten und begleiten

Wir vermuten, du hast unser Buch „Is' was, Mama?" gelesen und das „Familienhaus", das das biblische Erziehungskonzept veranschaulicht, ist dir vertraut:

- Das Fundament bedingungsloser Liebe und Geborgenheit,
- ein Zusammenleben mit Unterweisung und klaren Regeln sowie
- die elterliche Begleitung mit Konsequenz und Disziplin.

Dieses Konzept gilt nach wie vor, aber im Vergleich zur Erziehung im vorpubertären Alter verlagern sich die Schwerpunkte. Für die frühen Kinderjahre gilt vor allem das Prinzip „trainieren und unterweisen", wie du es in den Sprüchen 22,6 gelesen hast: „Trainiere dein Kind seinem Charakter gemäß ..."

In den Teenagerjahren wird es vom Prinzip „beraten und begleiten" abgelöst, das wir eher in Psalm 32,8-9 vorfinden: „Ich will dich unterweisen und dich lehren den Weg, den du gehen sollst; ich will dir raten, meine Augen über dir offenhalten."

Um bei dem Bild mit dem Familienhaus zu bleiben: Das Fundament bleibt das gleiche, aber die oberen Etagen und die Dachstuben werden renoviert. Der Teenager bekommt sein eigenes Zimmer und einen Haustürschlüssel.

Leider begehen ängstliche oder enge Eltern jetzt ihren größten Fehler: Aus Sorge über die großen Bedrohungen und Gefahren beziehungsweise aus Ärger und irritiert über Unwilligkeit und die ersten selbständigen „Gehversuche" verrammeln sie die Türen und vergittern womöglich die Fenster.

Ein Teenager braucht im Vergleich zu jüngeren Geschwistern größere Eigenständigkeit und Freiheit. Wird sie ihm nicht gewährt, nimmt er sie sich, und das vielfach unter Protest und Auflehnung. Oder er wird sich fügen, keine Eigenverantwortung lernen und schließlich ein Anpasser werden. Es fragt sich, wer von den beiden Typen ärmer dran ist.

Jugendliche, denen genügend Freiraum gewährt wird, sagen von ihren Eltern eher, daß sie ihnen nahestehen, gern etwas mit ihnen unternehmen, ihren Rat suchen und ihr Vorbild akzeptieren, als Jugendliche, die sich eingeengt und zu stark kontrolliert fühlen.

Dieser neue Lebensstil betrifft die ganze Familie. Nicht nur der Jugendliche muß umlernen, auch die Eltern. In manchen Familien wird die Atmosphäre unterschwellig von Mißtrauen beherrscht. Andere Eltern geben ihren Kindern blauäugig und leichtfertig zu viele Freiheiten. Manche überbehüten ihre Kinder weiterhin und verwöhnen beziehungsweise gängeln sie zu sehr.

Eltern, die Verantwortung delegieren, und Teenager, die verantwortungsbewußt darauf reagieren, bestärken einander. Das Gegenteil trifft leider auch zu. Aber bitte schön: Kinder dürfen selbstverständlich Fehler machen. Das Leben auf eigenen Füßen will Schritt für Schritt erlernt sein! Rechne von vornherein mit Fehlern und schlechten Entscheidungen. Und wenn es geschehen ist, hilf dem Teenager, sein Gesicht zu wahren. Verurteile nicht, stelle lieber geschickte Fragen, die ihm helfen, seine Entscheidungen zu überdenken, anstatt stur dabei zu bleiben, nur um seine Unabhängigkeit zu bewahren.

Dem Kind zuzutrauen, daß es richtige Entscheidungen treffen und sich verantwortlich verhalten kann, mag für Eltern mit jungen Teenagern die härteste Herausforderung sein. Aber darin zeigt sich die Frucht der bisherigen Erziehung: Die Reaktion des Kindes auf die gewährte Freiheit ist der Test für den Erfolg des „Bevollmächtigungsprozesses“! Das Ergebnis hängt sowohl von den Eltern als auch von den Kindern ab.

Berücksichtige bitte das Phänomen „selbsterfüllender Voraussagen“: Die Haltung, Jugendliche könnten sich nicht verantwortlich verhalten, bringt in der Tat unverantwortliche Jugendliche hervor. Andererseits erfüllt sich auch der Glaube, Teenager seien fähig dazu!

Folgende zwei Botschaften müssen einem Teenager unbedingt in Fleisch und Blut übergehen. Sie können einen Teenie – trotz berauschender Freiheitsgefühle – auf dem Teppich halten und verantwortlich handeln lassen, ohne daß Eltern Druck ausüben müssen.

– Soviel Freiheit, wie Vertrauen möglich ist!
– Eigenverantwortung bedeutet, Konsequenzen selbst zu tragen, auch wenn sie unangenehm sein sollten!

Diese beiden Prinzipien mußt du in Gesprächen mit deinem heranwachsenden Kind immer wieder durchgehen.

So in etwa: „Ich werde dir mehr Eigenständigkeit und Freiheit zugestehen, aber wir müssen uns aufeinander verlassen können. Je mehr ich dir vertrauen kann, desto größere Freiheit wirst du bekommen. Dies wird die Strategie für die kommenden Jahre sein, und du spielst die Hauptrolle!"

In vielen Fällen möchte ein Teenager Freiheit und Unabhängigkeit, allerdings ohne allzuviel eigene Verantwortung und ohne die Last persönlicher Konsequenzen. Doch das gehört nun einmal zu einem eigenverantwortlichen Leben! Das müssen Eltern wie auch Teenager einsehen.

Nimmt sich dein Kind tatsächlich die Freiheit, mit dem Bus „schwarz" in die Stadt zu fahren, und wird dabei erwischt, dann laß es den Schlamassel selbst ausbaden und die Strafgebühr abstottern. Das ist die logische Konsequenz seiner Entscheidung! Zu viele Väter machen zwar ein Donnerwetter, greifen aber dann doch großzügig in die Brieftasche ...

Mancher Teenager spürt wenig von Freiheit und Eigenverantwortung und kommt sich wie in einem Gefängnis vor. Folglich lebt er immer in Opposition zu elterlichen Vorschriften und kommt gar nicht auf die Idee, daß er für sein Leben selbst verantwortlich ist.

Vertrauen braucht ständige Ermutigung und Bestätigung. Setze bitte nicht voraus, daß dein Kind sich fehlerlos einpaßt; es ist nicht vollkommen! Wenn ein Kind der elterlichen Erwartung nicht entspricht und versagt, begehen manche Eltern den Fehler, alles in Frage zu stellen. Das ist unfair, denn in anderen Bereichen mag dein Kind sehr wohl vertrauenswürdig sein. Gib ihm bald wieder Gelegenheit, seine Vertrauenswürdigkeit zu beweisen.

Mache die Angelegenheit mit dem gegenseitigen Vertrauen also nicht zu einer „Erziehungswaffe"!

Trotzdem müssen Teenager erkennen, wie beruhigend Vertrauen und Verläßlichkeit für ihre Eltern sind – zwei Schlüssel

FAHREN OHNE FAHRSCHEIN
DM 60,-
O NEIN!
WENN DER JETZT MEINEN FAHRSCHEIN SEHEN WILL, BIN ICH MEIN TASCHENGELD FÜR DIE NÄCHSTEN 2 MONATE LOS!

für weitere Freiheiten, die man nicht leichtfertig aufs Spiel setzen sollte.

Wir wissen es selbst: Es fällt schwer, einem Teenager einen neuen Anfang zu gewähren, nachdem er das Vertrauen gebrochen hat. Für Eltern ist es meist schwerer als für den Betroffenen selbst.

Ein Vater illustrierte seinem Sohn, der ihn belogen hatte, einmal folgendermaßen, wie schwer verlorengegangenes Vertrauen wiederhergestellt werden kann: Er nahm eine Tasse und ließ sie auf die Fliesen in der Küche fallen. Entgeistert starrte der Junge auf die Scherben. „Mit dem Vertrauen ist es so wie mit dieser Tasse", entgegnete sein Vater. „Nun ist sie zerbrochen. Versuche einmal, diese Teile wieder aneinanderzufügen. Dann wirst du verstehen, wie wichtig es ist, Vertrauen zu pflegen und nicht zu brechen!"

Die Eigenständigkeit schulen

Dein Kind zu größerer Eigenständigkeit und Selbstkontrolle „bevollmächtigen“ ist Ziel der Erziehung. Du erinnerst dich an die Skizze, mit der wir es erläutert haben.

Aber wie läßt sich das im Familienalltag verwirklichen?

Es geht nicht darum, daß du die „Zügel“ einfach schleifen und dein Kind machen läßt, was es will. Nein, dahinter steht ein Konzept!

Teenager brauchen gute Beratung, aber darüber hinaus Möglichkeiten, eigene Entscheidungen zu treffen und sich zu bewähren. Zeige deinem Kind, daß du Wachstum und Reife erwartest, aber gleichzeitig auch, daß du ihm etwas zutraust. Wenn ein Kind das spürt, beginnt in ihm gewöhnlich ein Motor zu arbeiten.

Diskutiere mit ihm die Verantwortungsbereiche des Erwachsenseins und der Selbständigkeit. Was gehört dazu?

- persönliche Pflege
- sinnvolle Freizeitgestaltung
- Arbeitsverhalten in Schule und Familie
- Umgang mit Streß
- eigene Geldverwaltung
- Umgang mit anderen Menschen
- gute Entscheidungen treffen

Verantwortliches Leben mit den eben genannten Punkten kennzeichnet die Reife eines Menschen. Wie weit ist dein Kind? Es kommt natürlich ganz darauf an, wie alt es ist – ob zehn, zwölf oder vierzehn Jahre. Wie eigenständig soll es bei seinem nächsten Geburtstag sein?

Dir ist schon aufgegangen, daß diese Liste auch für deinen eigenen Lebensstil eine Herausforderung ist. Sei deinem Kind ein vorbildlicher Erwachsener. Wenn dir das gelingt, kannst du dein Kind viele Jahre lang positiv beeinflussen.

Hier hast du eine Checkliste und eine Anleitung, um dein Kind in Eigenständigkeit zu schulen. Sprich diese Bereiche Schritt für Schritt durch. Lebe vor, wie du die Dinge bewerkstelligst, übertrage spezifische Aufgaben und gewähre Eigenständigkeit. Das wird kreative Lernerfahrungen ergeben!

Persönliche Pflege

Hiermit meinen wir zum Beispiel Hygiene, Schlaf, Ernährung und Sport. So selbstverständlich es auch klingt, ist doch nicht jeder Zwölfjährige bereit, sich ohne Kontrolle regelmäßig die Zähne zu putzen und eigenständig die Unterwäsche zu wechseln. Das kann an der Nachlässigkeit der Eltern liegen, aber auch Typfrage sein. Ein bequemes, träges Kind geht oberflächlicher damit um als ein aktives, ordnungsliebendes.

Wenn es diese Dinge nicht von sich aus macht, muß es geschult werden; aber nicht so, daß Mami ständig nörgelnd hinterher ist. Das fördert keine Eigenständigkeit. Für so ein Kind ist eine „Wochenliste" am besten, in der seine Aufgaben aufgeführt sind. Wir haben sie in unserem Buch „Is' was, Mama?" ausführlich vorgestellt.

„Bei vielen Kindern wird es nicht ausreichen, lediglich die Familienregeln zu nennen, und dann werden sie befolgt. Diese brauchen einen Ansporn und auch eine Kontrolle, um sie einzuhalten.

Die Listen, die wir vorstellen möchten, sind eine gute Hilfe, das erwünschte Verhalten gründlich einzuüben und Kinder für ihre Mühe gleichzeitig zu belohnen. Man kann solche Schaubilder recht kompliziert und umfassend gestalten – mit dem Erfolg, daß Eltern sie nach einiger Zeit mutlos zur Seite legen. Unsere haben wir an vielen Kindern über Jahre erprobt. So eine Liste muß möglichst übersichtlich, einfach und schnell abzuhaken sein. …

Bei der Liste für die Schulkinder geht es um tägliche Aufgaben und um solche, die an festgelegten Tagen zu erledigen sind. … Einige Kinder benötigen nur wenige Angaben, andere dagegen wären ohne diesen Ansporn und diese Kontrolle zu träge oder zu vergeßlich, ihre Aufgaben zu erledigen.

O MANN !!
ICH DENKE, DAß MAL WIEDER BEI MIR 'NE GENERAL-REINIGUNG ANGESAGT IST ...

In solch einem Fall ist diese Liste unbedingt notwendig. Sie kann dir eine Menge Aufregung ersparen und dich vorm Schimpfen bewahren. Denn was machst du, wenn sich in deiner Familie ein unbekümmerter ‚Springinsfeld' befindet, der seine Ohren ständig auf Durchzug stellt? Deine Worte verhallen im Nichts.

Manche Eltern geben mit einem schlechten Gewissen auf, andere rasten aus. Es gibt Mütter, die nörgeln, drohen und schimpfen und damit die Familienatmosphäre verpesten. Sie bringen aber nicht die persönliche Disziplin auf, solch eine Aufstellung ruhig und sachlich einzuführen und ohne viele Worte eisern darüber zu wachen, daß die einzelnen Punkte eingehalten werden.

Auch wenn dich die Überwachung einer Liste stark fordert – ihr großer Vorteil ist, daß sie dich vor Erregung und Gepoltere bewahrt. Und mit den Monaten wird auch dein ‚schwieriges' Kind lernen, sich in die Familiengepflogenheiten einzupassen.

Notiere deine Erwartungen ganz auf die Vergeßlichkeit beziehungsweise Unwilligkeit des einzelnen Kindes zugeschnitten. Bitte, denke daran, nicht nur die schwierigsten Lektionen des Lebens aufzuführen, sondern zum Ausgleich auch einige Aufgaben, die dem Kind ohnehin leicht fallen; sie sollten etwa ein Viertel aller Punkte umfassen. ...

Wie kannst du auf die Einhaltung der vorgegebenen Regeln achten, ohne daß es zu mühsam wird? Claudia hat sich ein gutes System erarbeitet, denn immerhin hat sie täglich fünf bis sechs Listen zu begutachten.

Die Zettel hängen gut sichtbar über den Schreibtischen der Kinder, so daß sie immer vor Augen haben, was von ihnen erwartet wird, und Claudia die Listen nicht jedesmal suchen muß. Während sie vormittags die Zimmer saugt, denkt sie kurz den vergangenen Tag durch oder kontrolliert flink, ob die Aufgaben wirklich erfüllt worden sind, und macht in der jeweiligen Wochenspalte ihre Eintragung, das heißt Striche, für die Dinge, die nicht erledigt worden sind. Gibt es zum Beispiel sechs bis acht Regeln auf einer Liste, darf es pro Woche nicht mehr als zwei bis drei Striche geben.

Denn dann folgt eine Konsequenz: eine Zusatzarbeit, die

Mein Wochenplan

Name: Mirke		2.-8.9.	9.-15.9.	16.-22.9.	23.-29.9.		
Ich habe mein Zimmer aufgeräumt		I					
Meine Wäsche ist eingeräumt							
Ich bin pünktlich schlafen gegangen			I				
Die Katze ist versorgt		II					
Die Blumen sind gegossen	MI SA						
Ich habe meine Arbeitszeit eingehalten	FR						

möglichst mit den begangenen Versäumnissen in Zusammenhang stehen sollte. Es ist auch schon vorgekommen, daß jemand sich bei vier Strichen gesagt hat: ‚Jetzt ist doch alles egal. Diese Woche tu ich überhaupt nichts mehr.' Dann mußten wir ein ernstes Wörtchen reden, klarstellen, daß das Ganze keine Spielerei sei und die Konsequenz in diesem Fall noch härter ausfallen würde.

Wenn in einer Woche nichts zu beanstanden ist, geben wir einen Zuschuß zum Taschengeld der nächsten Woche … circa ein Drittel der Summe, damit es sich lohnt, sich anzustrengen. Bei einem Strich halt den halben Betrag. Wenn dir eine Geldvergütung nicht so behagt, kannst du dir gern einen anderen Ansporn ausdenken.

Claudia läßt allerdings auch Nachsicht walten. Klagt die Ines: ‚Mama, ich habe das Bad heute einfach nicht geschafft, aber morgen früh gehe ich gleich ran', dann gibt es natürlich keinen Strich. Du solltest dir immer die Gründe der Kinder anhören.

Claudia hat auch stets einen kleinen Block mit einem Stift in der Tasche. Fällt ihr etwas auf oder ein, macht sie sich eine kurze Notiz, wie: ‚Esther: Zimmer gründlich aufräumen. Nico: trockene Blumen rausschmeißen. Mirke: Puppenecke durchsortieren.' Diese Dinge spricht sie dann mittags mit den Kindern durch.

Oder sie legt ihnen gleich einen Erinnerungszettel auf den Tisch. ‚Hast du deine Sandalen schon vermißt? Sie liegen draußen im Garten.' ‚Deine Blumen sehen aber durstig aus!' Oder: ‚Bitte auf dem Bücherregal Staub wischen!' Wird es dann trotzdem nicht erledigt, kommt allerdings ein Strich auf die Liste. Bei einem durch und durch vergeßlichen Mädchen hat Claudia beständig mit humorvollen Briefchen gearbeitet und mit der Zeit tatsächlich Fortschritte erlangt.

Da dir die Listen ohnehin eine Menge an Aufregung und Schimpfen ersparen, sollte es dir leichter fallen, mit Gelassenheit und Humor zu reagieren. Wache bloß nicht verbissen und pingelig über den Listen!"[19]

Wenn du mit deinem Kind über die körperlichen Veränderungen während der Pubertät sprichst, wirst du betonen, wie wichtig in diesen Jahren stürmischen Wachstums eine ausgewogene Ernährung, genügend Bewegung und Schlaf sind.

Achten Eltern nicht darauf, können Teenager bestens mit Cola, Pommes frites und negerkußgefüllten Brötchen auskommen. Das wirkt sich allerdings fatal auf einen sich entwikkelnden Körper aus.

„Dieses Essen ist in vielfacher Hinsicht ungesund. Und es macht dick. Es fehlt ihm nahezu so gut wie alles, was der Organismus zum Aufbau und zur Stabilisierung des Immunsystems braucht. Statistiken aus den USA zeigen – und bei uns dürfte es mittlerweile ebenso sein –, daß Jugendliche einen noch größeren Vitaminmangel haben als Senioren in Altersheimen. Diese Entwicklung ist deshalb so verhängnisvoll, weil gerade in der Entwicklungsstufe der Pubertät das Immunsystem der Jugendlichen deutlich geschwächt ist. Wenn die Sexualhormone sich im Körper entfalten, sind die Immunfaktoren automatisch gedrosselt. Unsere Jugendlichen mögen aussehen wie das blühende Leben. Doch sie sind verstärkt infektanfällig. Wenn wir nicht sehr schnell und entschlossen alles tun, um die Ernährung unserer Jugendlichen deutlich zu verbessern, erleben wir in Kürze eine Gesundheitskatastrophe, die alles bis dahin Dagewesene in den Schatten stellt."[20]

Es wird wenige Teenager geben, die von sich aus einsichtig sind und sich gesund ernähren wollen. Aber der Versuch, Interesse an den Zusammenhängen gesunder Ernährung zu wekken, lohnt sich. Wer weiß, vielleicht entpuppt sich ein Wunderkind? Ansonsten muß ein gesundes Essen auf den Tisch. Bleibe hartnäckig, und gestalte es abwechslungsreich!

Und wie bringt man einen müden Teenager in Bewegung? Um die Sportlertypen braucht man sich keine Gedanken zu machen, aber einen trägen Teenager allein in die Gänge zu bekommen ist nahezu unmöglich. Bei gemeinsamem Sport gelingt es schon eher, und dir wird es auch guttun. Trommle alle Teenagerfreunde zusammen, und veranstaltet ein zünftiges Volleyballspiel oder eine ausgedehnte Fahrradtour. In dieser zwanglosen Situation könnt ihr entspannt miteinander plaudern, und du kannst dabei auch die Freunde deiner Kinder kennenlernen.

Tja, und dann noch das leidige Thema Schlafengehen. Ein Teenager wird es dir glattweg nicht abnehmen, daß er in der Pubertät ein größeres Schlafbedürfnis hat als ein vorpubertäres zehnjähriges Kind.

In vielen Familien gibt es darum heiße Kämpfe. Setzen Eltern einem Teenager strikte Schlafenszeiten, können sie fast damit rechnen, hintergangen zu werden, sobald sie ihn nicht kontrollieren können, zum Beispiel, wenn sie abends allein ausgehen. Und schon wird die Atmosphäre von Drohungen und Mißtrauen bestimmt. Das Erziehungsziel, Eigenverantwortung in einem Vertrauensklima zu erwerben, ist weit verfehlt.

Wie geht ein vernünftiger Erwachsener mit Schlaf um? Er hat eine individuelle Richtzeit und schläft darüberhinaus je nach Bedürfnis. Ist man erschöpft oder steht eine anstrengende Arbeit bevor, bemüht man sich, früher schlafen zu gehen. Wenn man sich fit fühlt und am nächsten Tag frei hat, kann man sich mehr erlauben.

Genau dazu möchtest du doch dein Kind erziehen, nicht wahr? Mit überstrengen Regeln wirst du das kaum erreichen. Erkläre deinem Kind, wie wichtig genügend Schlaf ist, der je nach Wohlbefinden und Anforderungen mal kürzer und mal länger sein kann. Setze für die Schultage vernünftige altersgemäße Richtzeiten zum Schlafengehen und sei an den anderen Tagen großzügiger. Das heißt zwar nicht, daß ein Vierzehnjähriger am Wochenende bis Mitternacht wach bleiben darf, aber doch, daß er nicht so früh wie sonst ins Bett muß.

Vergiß nicht, daß für einen Teenager der Reiz, lange wachbleiben zu können, unmittelbar mit Erwachsensein zusammenhängt. Also gönne es ihm von Zeit zu Zeit. Unsere Kinder dürfen das regelmäßig im Urlaub oder bei einem gemeinsamen freien Wochenende auskosten. „Jetzt könnt ihr so lange wach bleiben, wie ihr wollt…", verkünden wir. Dann spielen und erzählen wir, und gegen halb elf schauen die ersten verstohlen auf die Uhr, halten noch tapfer eine Weile durch, um dann doch in ihrer „Falle" zu verschwinden.

Du hast ein gutes Stück Erziehung zur Eigenverantwortung erreicht, wenn dein Kind sein Schlafbedürfnis ausgewogen regeln kann. Wir haben in unserer großen Familie damit nur positive Erfahrungen gemacht. Manchmal gehen wir abends durchs Haus, und alles ist ruhig. Die Kinder schlafen. Claudia schaut auf die Uhr: Es ist noch nicht einmal neun. Unsere Fünfzehnjährige, eine „Frühaufsteherin", die morgens gern vor sechs Uhr aufsteht, um ihre Tiere zu versorgen und noch einmal für die Schule zu lernen, liegt abends normalerweise spätestens um halb neun im Bett. An anderen Tagen, wenn unsere Teenager es sich erlauben können, geht dagegen „die Post ab". Wenn wir wirklich einmal meinen sollten, ein Kind müsse eher schlafen gehen, wird es willig befolgt, da es selten genug vorkommt.

Mache das Thema Schlafengehen nicht zum Problem. Allerdings wird es dazu, wenn Früher-ins-Bett-Gehen als Strafe eingesetzt wird, wenn Eltern zu enge Grenzen setzen und dauernd darüber argumentiert wird.

Versuche es so wie wir. Erkläre deinem Teenager, wie wichtig vernünftiger Umgang mit Schlaf ist. Setze Richtzeiten und lasse ihn Eigenverantwortung erproben. Bei den meisten wird es gutgehen, und die anderen brauchen halt eine etwas stärkere Lenkung.

Sinnvolle Freizeitgestaltung

Als unsere ersten Kinder in die Vorpubertät kamen, prägten wir uns einen Ausspruch von James Dobson ein: „Es gibt nichts Riskanteres, als einen Teenager ohne spezielle Fähigkeiten, ohne ernsthaftes Hobby, ohne jegliche Kompensationsmittel in die Stürme der Adoleszenz hineinzuschicken."

Es liegt klar auf der Hand: Ein Teenager, der sich zu beschäftigen weiß, einem Hobby nachgeht, das ihm Freude macht und Anerkennung einbringt, wird anders durch die Pubertät gehen als ein Kind, dem das alles fehlt. Es ist eine Freude, ein aktives Kind zu beobachten und mit ihm zusammenzusein.

Wir haben uns viel Mühe gegeben und auch die Kosten nicht gescheut, unseren Kindern gute Angebote zu machen. Zum Beispiel Tiere: Früher waren es Ponys, jetzt sind es ein Hund, drei Katzen und eine Zwergkaninchenzucht, denen sich unsere Fünfzehnjährige so hingebungsvoll widmet, daß sie gar keine Zeit für die Probleme hat, mit denen sich gleichaltrige Klassenkameradinnen herumquälen. Für eine andere ist es darstellender Tanz, für eine dritte der kreative Umgang mit kleinen Kindern. Ein vierter geht in seinem Gitarrenspiel auf und leitet den Lobpreis im Teeniekreis, ein fünfter sitzt stundenlang an seinem Schreibtisch und zeichnet und gestaltet graphisch, daß andere nur staunend zusehen.

Jeder fühlt sich im Vergleich mit seinen Geschwistern einmalig und weiß, daß er „wer" ist. Das Selbstwertgefühl dieser Kinder hätten wir in unserer Kindheit auch gern gehabt. Es sind fröhliche, motivierte Geschöpfe, die unbeirrbar ihren Weg gehen. Aber das sind nur einige aus unserer dreizehnköpfigen Kinderschar.

Es wäre unbarmherzig, lediglich den Ratschlag zu geben: „Sorge dafür, daß dein Kind ein schönes Hobby hat, und es wird keine Probleme bekommen." Bei allen klappt es nämlich nicht.

Bei unseren vielen Kindern – leibliche und angenommene – haben wir beobachtet, daß „sich beschäftigen können" und „einem Hobby nachgehen" nicht nur Erziehungssache ist, sondern auch persönlichkeitsbedingt. Selbst wenn Kinder mit den gleichen, wunderbaren Spielmöglichkeiten aufwachsen, gibt es immer antriebsstarke, selbstmotivierte und antriebsschwache, lustlose. Im Grundschulalter zeichnen sich letztere dadurch aus, daß sie zwar eine Weile konstruktiv mitspielen, sich dann aber hauptsächlich damit beschäftigen, die anderen am intensiven Spiel zu hindern. Das als Trost für die Eltern, die sich alle Mühe geben und ihr Kind trotzdem nicht einschneidend motivieren können.

So ein antriebsschwaches Kind wird während der Pubertät wahrscheinlich noch stärker durchhängen, unzufrieden und launisch sein.

Hast du so einen „Vertreter" in deiner Familie, stelle dich seelisch schon einmal darauf ein: Nimm dir vor, das Beste daraus zu machen und dich nicht aufzuregen.

Läßt man den Karren einfach laufen, steht so ein Teenager in größerer Gefahr, sich in Cliquen gleichgesinnter, lustloser „Gestalten" herumzudrücken, stundenlang Musik „reinzudröhnen" und aus persönlichem Frust Dummheiten anzustellen. „Gleich und gleich gesellt sich gern", sagt ein treffendes Sprichwort. Zuviel Langeweile und unausgefüllte Zeit ist nicht gut für Teenies.

Wenn du siehst, wie sich diese Gefahr bei deinem Teenager zusammenbraut, setze ihn ruhig ein bißchen unter Druck, eine sinnvolle Freizeitgestaltung zu lernen. Halte zum Beispiel hartnäckig an festgesetzten Fernsehzeiten fest – solch ein Teenietyp könnte nämlich pausenlos vor dem Kasten lümmeln – und mache reichlich Vorschläge: Ein Kanuclub oder der Reitverein, wie wäre es mit etwas Ausgefallenem wie einem Schachclub oder den Briefmarkenfreunden u.a.? Ideal wäre eine attraktive kirchliche Jugendgruppe, in der er sich mit anderen positiv begeistern läßt.

Eine verzweifelte Mutter schleppte ihren widerspenstigen, lauthals protestierenden Teenie zur DLRG. Und, o Wunder, nach einigen Wochen war er ein begeisterter Rettungsschwimmer, der sich wunderbar in die Sportgruppe einbrachte. Nicht immer klappt es so, aber einen Versuch ist es auf jeden Fall wert.

Zieht alles nicht, gibt es unseres Ermessens nur eine Antwort: Du darfst dein Kind so wenig wie möglich allein lassen. Tu dich mit ihm und seinen Freunden zusammen, klönt, eßt und unternehmt etwas! Trotz allem Gerede über den Generationskonflikt: Teenager sind gern mit einem „kernigen" Erwachsenen zusammen. So wird es dir eher gelingen, Vertrauen und Freundschaft über die kritischen Jahre aufrechtzuerhalten.

Das erfordert zwar einen ganz schönen Einsatz, kann dir aber auch viel Freude einbringen. Ganz im Gegensatz zu dem Schmerz und Zeitaufwand, den du aufbringen müßtest, um dein Kind zurückzugewinnen, wenn du es einfach so laufen ließest.

Arbeitsverhalten in Schule und Familie

Wie sehen gerechtfertigte Erwartungen an eigenständiges Arbeitsverhalten in der Schule aus?

Es kann nicht deinen Zielen entsprechen, wenn du Tag für Tag hinter deinem Kind stehst, es zu Hausaufgaben und zum Lernen antreibst und ständig mißtrauisch in seiner Schultasche wühlst, ob auch ja nichts vergessen worden ist.

Das Ideal sieht doch so aus: Du besprichst mit deinem Teenager, wann er am besten lernen kann, das heißt, er stellt mit deiner Hilfe einen Zeitplan auf. Manches Kind geht gleich nach dem Mittagessen zur Sache, ein anderes braucht erst eine schöpferische Pause. Eine unserer Töchter liebt es, nachmittags den schriftlichen Kram zu machen und dann abends vor dem Schlafengehen noch zu lernen. Das geht nicht bei jedem gut, aber bei ihr klappt es.

Ein Teenager muß Schritt für Schritt in die Lage kommen, seine Hausaufgaben eigenständig zu erledigen und selbständig zu lernen, so daß er im Klassenstrom mitschwimmen kann. Du beschränkst dich auf Stichproben. Biete deinem Kind an, mit allen Fragen zu dir zu kommen, und sei bereit, Vokabeln oder chemische Formeln abzufragen und Texte zu diktieren – je nachdem, was es gerade braucht. Wenn du darüber hinaus mit dem Lehrer im Gespräch bleibst und die Klassenarbeiten verfolgst, wirst du sehen, wie weit es mit seiner Eigenständigkeit kommt.

Wenn du deinen Heranwachsenden wie früher kontrollierst und ihm hinterherläufst, wird er sich wahrscheinlich daran gewöhnen und widerwillig nur dann etwas tun, wenn du darauf bestehst. Oder er rebelliert und beginnt, dich zu hintergehen.

Da ist der andere Weg schon besser. Bei manchem Kind wirst du im Vergleich mit anderen nicht unbedingt Höchstleistungen bekommen, aber dafür echte, eigenständige. Bei Elternsprechtagen erklärte Eberhard es den betreffenden Fachlehrern so: „Wissen Sie, dieses ‚befriedigend' ist wenigstens eine echte Leistung des Kindes, ohne daß ich es drillen und zum Lernen antreiben mußte."

Ängstliche oder stark leistungsorientierte Eltern stehen immer in der Versuchung, ihre Kinder anzutreiben und Zuwendung von der erbrachten Leistung abhängig zu machen.

Wir sind in der Beratung vielen Personen begegnet, die unter diesem jämmerlichen Muster groß geworden sind und jetzt seelisch sehr darunter leiden. Unseren Kindern wollen wir das ersparen.

Mache deine Liebe nicht von der Leistung deines Kindes abhängig! Strahle es nicht nur an und lobe es, wenn es gute Leistungen nach Hause bringt. Schenke bedingungslose Liebe!

Dieses unbewußte Gefühlsmuster: „Ich werde nur geliebt und gelobt, wenn ich brav bin und viel leiste" steckt vielleicht auch dir in den Knochen, und du mußt erst lernen, dich davon zu befreien, damit du dein Kind nicht damit infizierst.

Wenn ein Kind mit einer schlechten Zensur nach Hause kommt, ist das erste, was Eberhard sagt: „Kopf hoch, ich liebe dich, ganz gleich, welche Leistungen du bringst!" Das muß ein Kind, das sich Mühe gegeben hat und trotzdem eine Arbeit verhaut, unbedingt hören. Wenn Eltern berechtigterweise vermuten, daß dahinter Faulheit steckt, fällt diese Ermutigung nicht so leicht. Eberhard gibt sie trotzdem; erst danach fühlt er „dem Patienten auf den Zahn", betont, daß Faulheit nicht erlaubt ist, erarbeitet mit dem Kind ein Muster, nach dem bis zur nächsten Arbeit gelernt wird. Ist die Arbeit wieder zufriedenstellend, wird größere Freiheit gewährt. Für das eine Fach bedeutet es ein „befriedigend", für das andere ein „gut", manchmal muß man selbst mit einem „ausreichend" zufrieden sein, je nach Begabung und Vermögen des Kindes.

Bei unseren Erwartungen erinnern wir uns immer wieder an

unseren „Wahlspruch“: „Die Schulung eines aufrichtigen christlichen Charakters und ein erfülltes Leben im Dienst für Gott ist wichtiger als jegliche Karriere in unserer Gesellschaft ... Eine ausgeglichene, lebensbejahende Persönlichkeit ist mehr wert als ein gehobener Schulabschluß, der mit einer verkorksten Persönlichkeit bezahlt wird!“[21]

An diesen Leitsätzen haben wir uns immer orientiert, und die guten Erfahrungen mit unseren erwachsenen Kindern haben uns recht gegeben.

Denke daran, daß gerade während der Pubertät hormonell bedingte Leistungseinbrüche vorkommen können. Darauf haben wir in dem betreffenden Kapitel schon hingewiesen. Es ist unbarmherzig, dem Kind dann Vorwürfe zu machen oder es zu noch größerer Leistung anzuspornen. Oft ist dann eine Wiederholung des Schuljahres das Barmherzigste.

Und wie sieht es mit eigenständigem Arbeitsverhalten in der Familie aus?

Für manche ist Pubertät ein Synonym für Trägheit und Faulheit. „Jetzt sind sie endlich kräftig genug, daß sie mal zupacken könnten, und sie rühren keinen Finger ...“, schimpfen manche Teenagereltern. Ja, aber wie hat es in den Jahren davor ausgesehen?

So ein Verhalten ist ja nicht nur pubertätsbedingt: Wenn die ganz Kleinen mithelfen wollen, sind sie zu langsam und ungeschickt. Also werden sie aus dem Weg gescheucht. Werden sie älter, sind sie zu albern und kindisch. Sind sie vom Körperbau her endlich kräftig genug, weigern sie sich, weil sie nie gelernt haben, regelmäßig Aufgaben zu Hause zu erledigen. Arbeitsverhalten wird von früh an geübt!

Achte darauf, daß dein Teenager seinen eigenen „Dreck“ stets selbst wegräumt. Wenn du jetzt bei deinen Zwölfjährigen nicht eisern darüber wachst, können später anstrengende und demütigende Zeiten auf dich zukommen.

Wenn dein Kind sich Brote schmiert oder etwas in der Pfanne brutzelt, soll die Küche hinterher wieder so aussehen wie vorher. Wird die Zeitung im Wohnzimmer gelesen, dann liegen hinterher keine Seiten auf dem Teppich herum ...

Das Zimmer muß selbst in Ordnung gehalten werden. Claudia ist gern bereit, durchzusaugen, wenn sie schon mit dem

Staubsauger unterwegs ist. Aber wenn zuviel auf dem Boden herumliegt und sie nicht durchkommt, bleibt der Staubsauger demonstrativ im Zimmer stehen als Aufforderung, den Teppich abzuräumen und selbst zu saugen.

Unsere jüngsten Kinder teilen sich ein Zimmer, während die älteren ein eigenes haben dürfen. Jeder darf sein Zimmer selbst gestalten und einrichten. Natürlich müssen sie uns fragen, allein schon aus Kostengründen, aber wir verstehen uns als ihre Berater. Sie tapezieren ihr Zimmer selbst, manches Möbelstück wird mit Eberhards Hilfe gebaut; Claudias Kreativität wird gern in Anspruch genommen und wirkt ansteckend; jeder Raum spiegelt die Originalität seines Bewohners wider. Das wird ihnen von Besuchern, die neugierig ihre Runde durchs Haus ziehen, häufig bestätigt.

Es ist doch klar, daß so ein „Palast" geschätzt und eher in Ordnung gehalten wird als eine „Rumpelkammer", in der die letzten Spenden aus der Verwandtschaft abgestellt wurden.

Umgang mit Streß

Man kann sich die Berufs- und Erwachsenenwelt kaum ohne Streß vorstellen. Manche ruinieren ihre Gesundheit durch falsche Prioritäten, schlechte Zeiteinteilung und ungeordnetes Arbeitsverhalten und sind stets unzufrieden. Anspannung und Termindruck können anspornend wirken. Streß, der sich körperlich und nervlich auswirkt, ist jedoch zerstörerisch.

Auch auf diese Herausforderungen muß ein Teenager vorbereitet werden. Da er sich in der Entwicklung befindet, ist zu erwarten, daß er von einem Extrem ins andere fällt: Zeiten großer Trägheit und Faulheit werden von großem Eifer und Überforderung abgelöst. Je nach Persönlichkeitsstruktur überwiegt das eine oder das andere.

Ob du es willst oder nicht, du bist ein Vorbild. Wie sieht es bei dir aus? Wie gehst du mit den Herausforderungen deines Lebens um? Immer von Bergen unerledigter Arbeit umgeben, stets zu spät bei Verabredungen und erschöpft wirkend?

Daß wir fast immer pünktlich bei Veranstaltungen und Verabredungen sind, liegt daran, daß wir verläßliche und pünktliche Eltern hatten. Dieser Lebensstil hat auch ganz gut auf unsere Kinder abgefärbt.

Die meisten unserer Teenager haben bereits einen Terminplan, der kaum zu bewältigen ist und sie in Streß bringen kann. Also müssen wir mit ihnen über Prioritäten und Zeiteinteilung sprechen. Für dich und deinen Teenager können diese Punkte genauso eine Gesprächsgrundlage werden.

- Wichtig und zukunftsweisend sind befriedigende Leistungen in der Schule und eine gute Allgemeinbildung.
- Der Dienst für Gott und an anderen Menschen ist eine weitere Priorität. Wo liegen die Begabungen des Teenagers und welche Berufung hat Gott für ihn? Gibt es Dienste, die die ganze Familie wahrnehmen kann?
- Trotz der verschiedensten Aktivitäten muß in der Woche auch etwas für gemeinsame Arbeitszeit, Geselligkeit und Kommunikation in der Familie übrigbleiben.
- Freunde, ein persönliches Hobby und Ruhezeiten dürfen auch nicht vernachlässigt werden.

Manche Familien haben einen großen Wochenplan in der Diele hängen, in denen die einzelnen Aktivitäten und Familienzeiten eingetragen werden. Bei uns hat jeder Teenager einen eigenen Terminkalender, und wir müssen uns häufig absprechen, um allen Vorhaben gerecht zu werden.

Es fällt ihnen vor allem schwer, sich nicht zuviel vorzunehmen und persönliche Energieschwankungen richtig einzuordnen. Jeder hat Zeiten, in denen er mehr schafft, und solche, in denen nichts von der Hand geht. Ausgeglichenheit lernt man vielfach erst durch gründlich ausgewertete Negativerfahrungen. Hier können verständnisvolle Eltern helfen. Es ist einfach schön zu beobachten, wie ein eifriger Teenager Anforderungen mit der Zeit besser in den Griff bekommt.

Eigene Geldverwaltung

Bei diesem Thema sprechen wir gleichzeitig über Erziehung zu Lebenstüchtigkeit. Und wie in anderen Bereichen brauchst du dazu eine durchschlagende Strategie.

Viele Erwachsene, die Probleme im Umgang mit Geld haben, werden eingestehen, daß sie in ihrer Kindheit – besonders in den Teenagerjahren – nicht genügend eingewiesen und unterrichtet worden sind. Wie belastend wirkt es sich in einer Ehe aus, wenn ein Partner nicht mit Geld umgehen kann! Dem einen rinnt das Geld zu schnell durch die Finger, der andere kämpft mit seinem Geiz, und ein dritter kauft stets die falschen Dinge ...

So etwas solltest du deinem Heranwachsenden ersparen und ihm eine gründliche Wirtschaftsschulung gönnen. In Eberhards Buch „Papa, rück' die Scheine raus! – Kinder lernen mit Geld umzugehen" (Verlag Schulte & Gerth) findest du eine gute Anleitung vom Grundschulalter bis in die Jugendjahre. In diesem Kapitel wollen wir nur die wichtigsten Gedanken wiederholen.

Zunächst noch einmal die Strategie: mit zunehmendem Alter mehr Freiheit und Verantwortung im Umgang mit Geld. Vom „Taschengeld" zum „Wirtschaftsgeld"!

Wir nehmen an, daß dein junger Teenager bisher Taschengeld erhalten hat und auch damit umgehen kann. Spätestens jetzt solltest du von einer wöchentlichen zu einer monatlichen Auszahlung übergehen. Was kann für die Teenagerjahre noch hinzukommen?

„Wie oft liegen einem die Kinder in den Ohren: ‚Mama, ich brauche dies ...', ‚Papa, kann ich Geld dafür haben...?'

Hüte dich vor zu vielen unkontrollierten Extrazahlungen. Sie können den ganzen, wohlüberlegten Lernprozeß einer Wirtschaftserziehung für heranwachsende Kinder zunichte machen.

Es mag sein, daß die folgenden Gedanken dir ganz neue Einsichten für deine Taschengeldstrategie eröffnen. Sieh zu, daß du so wenig Extraauszahlungen für die vielen Dinge des Kinderalltags wie möglich machst! Kalkuliere diese Kosten von vornherein durch, erhöhe das ‚Wirtschaftsgeld' entsprechend, und laß das Kind selbst planen, verwalten und ausgeben. Auf diese Weise kommst du von einer gedankenlosen ‚Taschengeldzahlung' mit den vielen Extragaben weg ...

Wenn du das jetzt kurz durchkalkulierst, erschrickst du vielleicht über die enorme Erhöhung, die du vornehmen müßtest. Aber tröste dich: Normalerweise würdest du es ja ohnehin zahlen. Es ist doch lediglich eine Kostenverlagerung. Dein monatlicher Familienhaushalt wird dadurch nicht stärker belastet. Das, was du eventuell nach vielem Betteln sowieso ausgeben würdest, überträgst du gleich in die Verantwortung des Kindes. So lernt es tatsächlich wirtschaften, und du kannst der Zeit, in der der Jugendliche auszieht und für sich selbst sorgen muß, getroster entgegenschauen."[22]

Die Monatsplanung kann ähnlich aussehen wie bei den jüngeren Geschwistern:

	______ (Name des Kindes)	______ (Name des Kindes)
Schulmaterial		
Geschenke		
„Extras"		
Taschengeld		

„Für einen Teenager kannst du zusätzlich einen Bekleidungs-Etat einrichten, das heißt, dem Jugendlichen steht vierteljährlich ein bestimmter Betrag zur Verfügung, den er für neue Kleidung abrufen kann. Mädchen mit einem höheren Modebewußtsein legen in der Regel mehr Wert darauf als Jungen, und du kannst den Versuch durchaus mit einem vierzehnjährigen Mädchen wagen. Bei einem Jungen warte lieber noch ein bis zwei Jahre.

Ich kann mich noch gut erinnern, wie wir mit unseren drei ältesten Mädchen begannen, als sie fünfzehn Jahre alt wur-

WAS DENN ?!?
100 FLOPPEN FÜR'N T-SHIRT ?!?
UND DAS VON MEINEM EIGNEN GELD ?!?
NEE- KOMMT GAR NICHT IN DIE TÜTE !
LA KOSTET

den. Sie waren hellauf begeistert und fühlten sich total erwachsen. Dann jagten sie in die Stadt, achteten vielleicht zum ersten Mal so richtig auf die Preise und fielen fast in Ohnmacht. Plötzlich bekamen sie mit, wie teuer schicke Kleidung ist. Und weißt du, was sie dann taten? Sie kauften sich von ihrem Etat Stoffe und Schnitte und nähten sich ihre Sachen selbst. Das war eine tolle Erfahrung. Eine von den drei Mädchen entwickelte ungeahnte Fähigkeiten. Wie eine Schneiderin nähte sie sich mit sechzehn Jahren die kompliziertesten Dinge. Und was war der Auslöser? Ein gewisser Geldbetrag und viel Eigenverantwortung.

Nun, nicht alle Mädchen sind so. Aber eins wirst du auf jeden Fall erreichen: Das ewige Jammern nach diesem oder jenem hört auf, vielleicht werden die Jugendlichen mit ihren Sachen ein wenig vorsichtiger umgehen, und vor allem werden sie einen Blick für Preise bekommen.

Am Anfang solltet ihr auf jeden Fall zusammen besprechen, was benötigt wird, und gemeinsam einkaufen. Unsere jüngeren Teenager hatten es sich immer gewünscht, mit der Mama loszuziehen oder zumindest mit der großen Schwester. Und dann kann wirklich einiges gelernt werden, was Preisvergleiche, die richtige Auswahl und Qualität betrifft.

Zu den Schlußverkäufen haben wir schon den zehnjährigen Kindern 50 DM gegeben, besprochen, was sie nötig hatten, und mit den älteren Geschwistern losgeschickt, damit auch sie schon ein Gespür für gute Einkäufe entwickeln. ...

Wie verhalten sich Eltern bei einem neunzehn- oder zwanzigjährigen Jugendlichen, der noch in der Schul- beziehungsweise Berufsausbildung steckt und zu Hause lebt?

Du kannst bei dieser bisher aufgeführten Gliederung bleiben oder einen dicken Schlußstrich ziehen und einen Betrag als Wirtschaftsgeld geben, der alles umfaßt, so daß keine Fragen nach Büchern oder Haarsprays, Kinogeld oder Katzenfutter, Busfahrscheinen oder Fahrradschläuchen gestellt werden brauchen. Das fördert die Selbständigkeit und kann den Hausfrieden erleichtern, denn Finanzgespräche mit erwachsenen Kindern können zäh und anstrengend werden.

Früher verdienten die meisten Jugendlichen in diesem Alter bereits ihr eigenes Geld und waren dadurch zumindest in diesem Bereich eigenverantwortlich. Heute scheint es umgekehrt zu sein. Immer mehr erwachsene Kinder sind finanziell total von ihren Eltern abhängig. Kein Wunder, wenn sie sich eingeengt fühlen und es zu Spannungen kommt.

Unsere Großen (ab achtzehn Jahren), die noch in der Schulausbildung stehen und zu Hause leben, haben alle ihr eigenes Wirtschaftsgeld von 200 bis 400 DM – das ist die Summe, die in etwa einem Lehrling nach seinen Abgaben persönlich verbleibt – und bestreiten damit alles, was sie nicht im Haus vorfinden. Sind sie genügsam, dann können sie sogar einen Teil davon sparen. Wenn nicht, müssen sie auch klarkommen. Und der Friede im Haus bleibt erhalten, selbst bei vielen unterschiedlichen Wünschen und Ansprüchen.

Eltern sollten einem Jugendlichen spätestens ein Jahr, bevor er das Haus verläßt – etwa für die Bundeswehr, für den Zivildienst oder für ein Praktikum –, ein Wirtschaftsgeld zugestehen, damit er sich schon einmal für die spätere Freiheit einüben kann."[23]

Umgang mit anderen Menschen

Jeder Erwachsene freut sich, wenn er mit einem selbstbewußten, wißbegierigen und höflichen Teenager zusammensitzt und sich mit ihm unterhält. Eltern jüngerer Kinder wünschen sich dann unwillkürlich, daß ihre später auch einmal so sind.

Wie bringt man einem Teenager nur so angenehme Umgangsformen mit anderen Menschen bei?

Vor allem durch dein eigenes Vorbild! Deine Art, mit deinen Kindern und anderen Menschen zu sprechen und ihnen zu begegnen, wird abfärben. Ein Kind, dem in der Familie mit Achtung begegnet wird und das sich dort frei äußern darf, wird es auch in der Öffentlichkeit eher tun als ein Kind, das dies nicht kennengelernt hat.

Suche dir selbst einen guten Freundeskreis und beziehe deinen Teenager in eure Gemeinschaft ein. Er soll Papas beste Freunde gut kennen und gleichzeitig etwas über aufrichtige Freundschaft lernen. Sie soll mit Mamas Freundinnen plaudern und wissen, womit sich christliche Frauen beschäftigen. Wenn auch deine Bekannten gut auf dein Kind eingehen und es ernst nehmen, können gute Beziehungen wachsen.

Nimm dir selbst vor, Teenagern immer mit Achtung und aufrichtigem Interesse zu begegnen. Von solchen Erwachsenen schwärmen sie.

Dein Kind muß auch lernen, daß Menschen wichtiger sind als Besitz. Es ist großartig, wenn ein Schüler arbeitet und sich Geld verdient. Aber jedes Kind in einer christlichen Familie sollte auch angeregt werden, anderen von Zeit zu Zeit freiwillig ohne Entlohnung zu helfen und zu dienen. Sorge und Verantwortung für andere schult den Blick für ihre Bedürfnisse und fördert eine selbstlose Haltung.

Ein Ausspruch hat uns begeistert: „Zeig mir einen Teenager, der aufrichtig ist vor Gott, mit sich selbst und vor anderen Menschen, und ich nenne dir jemanden, der eine großartige Zukunft vor sich hat."

Gute Entscheidungen treffen

Die genannten Punkte zur Schulung der Eigenständigkeit gipfeln darin, daß ein Teenager lernt, gute eigene Entscheidungen zu treffen. Jeder Mensch muß täglich viele, mitunter wichtige Entscheidungen treffen. Je nach Qualität der Wahl wird das Leben erfolgreicher oder mühsamer.

Welchen „Stimmen" folgt dein Teenager mehr? Den „Stimmen" um sich herum – denen der Gleichaltrigen, der Medien, der Eltern – oder der „inneren Stimme" des Gewissens, der persönlichen Überzeugung und des Redens Gottes?

Viele Eltern erziehen ihre Kinder dazu, nur auf „äußere Stimmen" zu achten: „Tu das, weil ich es dir sage!", „Hättest du auf mich gehört ...", „Daß du ja befolgst, was in der Schule gesagt wird ..."

So lernen Kinder, stark auf Autoritätsstimmen von außen zu hören. Das hat alles seine Berechtigung. Aber wo lernen sie, auf die „innere Stimme" des Gewissens und der persönlichen Überzeugung zu achten? Wenn solche Kinder nur gelernt haben, auf äußere Stimmen zu reagieren, fallen sie schneller auf die Stimme der Gleichaltrigen herein.

Damit ein Kind eigenständig wird, ist es ganz wichtig, ihm von Anfang an zu helfen, eigene Entscheidungen zu treffen und die innere Stimme zu schulen.

Das gelingt nicht, wenn du ihm alle Entscheidungen abnimmst und keine Freiheit gewährst. Schon im Kleinkindalter gilt die Devise: „Was ein Kind selbst kann, laß es tun!", und das muß sich in den Folgejahren steigern. Erkläre, „warum" du etwas von deinem Kind erwartest. Diskutiere mit ihm deine Werte, und gib ihm Wahlmöglichkeiten bei seinen Entscheidungen. Bevor du befiehlst: „Mach es so ...!", frage lieber: „Wie willst du es machen ...?" oder „Hast du darüber schon einmal gebetet?"

Auf diese Weise lernt es eher, auf das Reden Gottes durch die innere Stimme sowie auf seinen gesunden Menschenverstand zu achten.

Am wichtigsten ist, daß der Teenager eigene Werte entwikkelt und verinnerlicht. Sie nur zu kennen reicht nicht aus. Das Kind braucht eine innere Überzeugung für sein Verhalten, sonst paßt es sich lediglich seiner Umwelt an.

Viele Kinder kennen alle richtigen Antworten über Lügen, Stehlen, zu vorehelichem Geschlechtsverkehr und zu Drogen, aber sie halten sich nicht daran.

In 1. Mose 39 liest du von dem jungen Mann Josef. Potifars Frau versucht, ihn sexuell zu verführen. Tag für Tag redet sie auf ihn ein. Aber er widersteht, weil er an seinen persönlichen Werten und Überzeugungen festhält. Josef macht drei Aussagen: „Mein Herr vertraut mir!", „Wie könnte ich so etwas Böses tun?" und „Es wäre eine große Sünde gegen Gott!".

Diese drei Eigenschaften: Aufrichtigkeit und Loyalität seinem Vorgesetzten, sich selbst und Gott gegenüber, hielten ihn davon ab, Ehebruch zu begehen, und öffneten die Türen für den Segen Gottes.

Das Selbstwertgefühl stärken

Weitsichtige Eltern werden sich immer bemühen, das Selbstwertgefühl ihrer Kinder aufzubauen und zu erhalten. In den Kindheitsjahren übst du einen wesentlichen Einfluß auf die Art aus, wie das Kind über sich selbst denkt.

In einer Gesellschaft, in der Schönheit, Intelligenz und Wohlstand angebetet werden, steht das Selbstbewußtsein konstant unter Beschuß. Wer den Werbespots glaubt, muß ja Minderwertigkeitsgefühle bekommen! Erst recht ein Teenager, der die Zusammenhänge nicht durchschaut und noch keine eigenen Werte entwickelt hat.

„Ein Kind mit einem positiven Wertgefühl kommt besser durchs Leben als ein Kind voller Minderwertigkeitsgefühle. Ja, ein gutes Selbstbewußtsein in deinem Kind zu fördern ist eine der besten Gaben, die du ihm mitgeben kannst. Eine Gabe, die ein ganzes Leben lang hält.

Besitzt du ein hohes Wertgefühl, dann hast du eine positive, aber auch realistische Sicht über dich selbst, eine Zuversicht, die es dir ermöglicht, voranzukommen und selbst mit Fehlschlägen fertig zu werden. Du weißt, daß du geliebt wirst und etwas wert bist. Du kannst dich annehmen, so, wie Gott dich geschaffen hat, und dich über das freuen, was er in deinem Leben tut.“[24]

Ein positives Selbstbild ist eine der besten Waffen gegen negativen Gruppendruck.

Warum?

Dieser Teenager weiß, daß er wertvoll und wichtig ist. Er ist deshalb nicht so stark auf die Meinung anderer über ihn angewiesen. Er wird andere mitreißen, anstatt sich von ihnen mitziehen zu lassen. Leider wachsen wenige Kinder mit dieser gesunden Grundhaltung auf.

Schwaches Selbstbewußtsein

Manche Kinder entwickeln starke negative Gefühle sich selbst gegenüber, Gefühle von Minderwertigkeit, die sie den Rest ihres Lebens verfolgen.

Die einen leiden still und ziehen sich zurück, die anderen schreien ihr Unbehagen in die Welt hinaus. Bemüht, sich besser zu fühlen, suchen sie Bestätigung von Freunden: Einer versucht es als „Klassenkasper“, ein anderer als „Kämpfer“, der sich mit jedem anlegt, ein dritter als „Anpasser“, der sich auf Gedeih und Verderb dem Gruppendiktat unterwirft. Anerkennung und Gemeinschaftsgefühl braucht jeder – und wenn es die Familie nicht geben kann, dann halt andere.

Sich wertlos und minderwertig zu fühlen hat ernste Konsequenzen:

- Es führt zu einem „Chamäleon-Verhalten“. Nicht akzeptiert zu werden ist für solch einen Teenager die größte Sorge. Darum wird er den Preis bezahlen und sich dem Diktat der Gruppe beugen, selbst wenn es gegen seine Überzeugung ist.
- Durch eine geringe Selbstachtung fühlen sich Kinder abgelehnt. Und weil sie sich schwach und abgelehnt fühlen, setzen ihnen Gleichaltrige umso mehr zu. Dieser vernichtende Kreislauf ist schwer zu durchbrechen.
- Ein geringes Wertgefühl verkrüppelt Teenager emotional. Sie grübeln endlose Stunden, wie andere über sie denken mögen. Sie drehen sich so sehr um sich selbst, daß sie andere nicht aufrichtig lieben und ihnen Gutes tun können.
- Ein schwaches Selbstbewußtsein verschüttet das Potential eines Teenagers. Wenn ein Teenager sich nicht mag und zu gering von sich denkt, wird er kaum seine gottgegebenen Fähigkeiten entdecken.

Wie sieht es bei deinem Teenager aus? Kreuze einmal die Punkte an, die mit dem Verhalten deines Kindes übereinstimmen:

☐ Mein Teenager ist der „Klassenkasper“ – immer stellt er etwas an, um Aufmerksamkeit zu bekommen.

- ☐ Mein Teenager meidet die Gesellschaft Gleichaltriger.
- ☐ Mein Teenager läuft immer mit der Gruppe mit, auch wenn er weiß, daß es falsch ist.
- ☐ Mein Teenager scheint wütend auf seine Umwelt zu sein und bekämpft sie bei jeder Gelegenheit.
- ☐ Mein Teenager hat Probleme, Entscheidungen zu treffen.
- ☐ Mein Teenager reagiert verletzt, auch wenn es keinen Grund dafür gibt.
- ☐ Mein Teenager scheint immer mit sich selbst beschäftigt zu sein und hat keinen Blick für andere.
- ☐ Mein Teenager hat keinen Ehrgeiz, etwas aus seinen Fähigkeiten zu machen.
- ☐ Mein Teenager ist hin und her gerissen, wenn es um moralische Entscheidungen geht.[25]

Wenn du in einem oder mehreren dieser Bereiche über längere Zeit Probleme beobachtest, kann das ein Hinweis auf ein schwaches Selbstbewußtsein deines Teenagers sein. Es ist auch möglich, daß dein Kind sehr empfänglich für Gruppendruck sein wird.

Eine Strategie zur Stärkung des Selbstwertgefühls

Aber was helfen diese traurigen Beobachtungen, wenn du nicht weißt, wie du die Selbstachtung deines Kindes aufbauen und erhalten kannst.

Mit folgenden vier Schritten kannst du deinem Kind beistehen:

- Glaube an dich selbst!
- Glaube an dein Kind!
- Verhalte dich so, daß dein Kind an dich glauben kann!
- Hilf deinem Kind, an sich selbst zu glauben!

Glaube an dich selbst!

Zuerst müssen wir von dir sprechen. Deine eigene Selbsteinschätzung wird nämlich den Aufbau des Selbstwertgefühls bei deinem Kind enorm beeinflussen. Dein Selbstbild beruht im wesentlichen auf Erfahrungen in deiner Vergangenheit: dem Zusammenleben mit Eltern und Geschwistern, anderen Kindheitserlebnissen, aber auch den Begegnungen mit Autoritätspersonen, Freunden, dem Ehepartner ...

Auch Erwachsene lassen sich in ihrem Wertgefühl von anderen beeinflussen und unterliegen gesellschaftlichem Druck. Oder bist du ganz frei von überzogenen Idealen wie Schönheit, Intelligenz, Erfolg und Wohlstand?

Wie gibst du dich vor deinen Kindern? „Fürchterlich, ich kriege aber auch nichts zustande ..." „Huch, schon wieder habe ich zugenommen. Ich muß unbedingt eine Diät machen!" „Bald fahren wir einen schnelleren Wagen als die Meiers nebenan."

Solche Bemerkungen entlarven dich. Eltern, die ständig unzufrieden sind und sich bemitleiden, andere beneiden und sich nichts zutrauen, geben ein erbärmliches Vorbild ab.

Du mußt lernen, an dich selbst zu glauben – nicht weil du so toll bist, sondern weil Gott dich liebt und an dich glaubt. Arbeite für dich einmal folgende Gedanken durch; sie werden dir helfen, dein positives Selbstbild zu stärken:

- Achte mehr auf das, was Gott über dich denkt, und nicht so sehr darauf, was andere von dir denken. Studiere einmal folgende Bibelstellen: Jesaja 51,12-13; Psalm 34,1-6.
- Erneuere deinen Sinn, indem du dich täglich mit der Bibel befaßt (Matthäus 4,4; Hebräer 4,12; Römer 12,2; Psalm 1)!
- Mach dir bewußt, wer du in Christus Jesus bist (Römer 8,1-2.35-37; Galater 4,1-7)!
- Laß dich nicht von negativen Gefühlen überwältigen (1. Johannes 3,19-21)!
- Entwickle einige enge Freundschaften, die dich aufbauen!
- Lerne es, mit dir selbst, anderen und Gott offen zu sein!
- Analysiere mit einer Vertrauensperson deine negativen Neigungen (Sorgen, Wutausbrüche, Kritik) und arbeite daran, sie auszumerzen (Psalm 26,2)!
- Suche nach Aufgaben, die dir Freude machen und in denen du Erfolg hast!

Ein Teenager braucht ständige Ermutigung und Bestätigung. „Das traue ich dir zu!“ oder „Warum solltest du das nicht schaffen?“ sind Sätze, die er häufig hören sollte.

Über die negativen Charakterzüge eines Kindes braucht man meistens nicht lange zu grübeln; sie springen einem sofort ins Auge. Die positiven Seiten dagegen muß man sich bewußt in Erinnerung rufen und aussprechen. Tu es! Würdige die guten Seiten und Fähigkeiten deines Kindes, akzeptiere es so, wie es ist, nimm es ernst, und sprich immer wieder dein Vertrauen aus.

Teenager hungern nach dieser Anerkennung. Findet dein Kind sie bei dir, muß es nicht nach anderen Quellen suchen.

Eberhard zehrt heute noch von einem Erlebnis mit seinem Vater. Er war damals etwa siebzehn Jahre alt. Bei einer Hochzeitsfeier versuchte ein Verwandter ständig, ihn zu einem weiteren Glas Bier zu überreden. Standhaft wehrte Eberhard ab: „Laß mich in Ruhe, ich habe genug getrunken.“ Am nächsten Morgen sagte sein Vater wie beiläufig zur Mutter: „Du, Elfriede, auf Eberhard kann man sich verlassen. Er weiß, wann er nein sagen muß.“

Dieser Ausspruch blieb hängen. Bei Klassenfeten und anderen Anlässen, die hart an der Grenze waren, spukte ihm dieser Satz durch den Kopf: „... auf Eberhard kann man sich verlassen. Er weiß, wann er nein sagen muß.“ Der Glaube des Vaters an seine Entscheidungsfähigkeit hat Eberhard vor mancher Fehlentscheidung bewahrt.

So möchten auch wir mit unseren Kindern umgehen. Wir bestätigen ihnen, daß wir ihnen zutrauen, einen aufrichtigen, geradlinigen Weg zu gehen. Solch ein Vertrauensvorschuß hilft ihnen, ihren guten Vorsätzen treu zu bleiben.

Überprüfe bitte deine Haltung: Ist sie eher von Mißtrauen und Sorge geprägt, oder gelingt es dir, dieses optimistische Vertrauen weiterzugeben?

Wenn du allen Grund zu Sorgen und Mißtrauen hast, weil dein Vertrauen mißbraucht worden ist, fällt das sehr schwer.

Dann sei nicht nachtragend, vergib deinem Kind und gib ihm eine aufrichtige Chance, noch einmal anzufangen. Sage ruhig ehrlich: „Nach dem, was vorgefallen ist, fällt es mir

LAß DICH NICHT UNTERKRIEGEN, JUNIOR! DAS PACKST DU!
FLOPPI

schwer, dir zu vertrauen. Aber ich will es tun. Nimm es mir nicht übel, wenn ich dich ein wenig stärker kontrolliere als sonst. Du kannst mir ja zeigen, daß ich mich wieder auf dich verlassen kann."

Sei deinem Kind gegenüber loyal und demütige es nicht – selbst wenn du es nur im Spaß meinst. Teenager sind extrem sensibel, wie du mit ihnen und über sie vor anderen sprichst. Wenn einmal Kritik nötig ist, sprecht unter vier Augen! Hüte dich, das vor anderen Erwachsenen oder gar Teenagern zu machen. Es berührt uns immer peinlich, wenn wir solchen Eltern begegnen. Schon manche Beziehung zwischen Eltern und Kindern wurde zerstört, weil dieser Grundsatz nicht beachtet wurde. Auch wenn dich dein Teenager vor anderen bewußt provozieren sollte, bleibe ihm gegenüber loyal und halte deinen Mund. Hinterher kannst du ihn korrigieren und sagen, warum du deinen Mund gehalten hast. Möglicherweise wird ihn deine Rücksichtnahme beeindrucken.

Scheue dich andererseits nicht, dein Kind vor anderen zu loben. „Wißt ihr, mit Chris im Garten zu arbeiten macht richtig Spaß. Der kann vielleicht reinhauen." Oder: „Ines hat eine gute Hand mit Tieren. Ich staune, welches Vertrauen die zu ihr haben."

Lege deinen Arm um die Schulter des Kindes, lobe es ohne Übertreibung. Das wird eine enorme Wirkung haben.

Verhalte dich so, daß dein Kind an dich glauben kann!

Wie mag dein Kind dich sehen? Hast du dir darüber schon einmal Gedanken gemacht?

So wie Eltern gern stolz auf ihre Kinder schauen und von deren Verhalten manchmal peinlich berührt sind, geht es auch heranwachsenden Kindern: Sie wünschen sich Eltern, die sie stolz vorzeigen können und derer sie sich nicht schämen müssen!

Hier sind vier Stichworte, die dir dabei helfen können:

– Lebe vertrauenswürdig,
– sei aufrichtig,
– gerecht und
– natürlich.

Halte deine Versprechen. Es gibt einen Riß im Vertrauen, wenn ein Vater alles mögliche verspricht und dann doch nicht einhält: „Am Wochenende nehme ich mir richtig Zeit für dich. Überleg schon einmal, was wir machen können." Und am Wochenende kommt dann die lapidare Ausflucht: „Tut mir leid. Es ist etwas dazwischengekommen." So ein Mann übersieht, daß sein Kind schon tagelang auf dieses Ereignis gefiebert hat und jetzt zutiefst enttäuscht ist. So kann man kein Vertrauen aufbauen.

Führe einen vertrauenswürdigen Lebensstil. Kinder haben einen ausgeprägten Gerechtigkeitssinn. Sie merken schnell, wenn es jemand mit der Wahrheit nicht so genau nimmt. Solch ein Mensch verliert an Achtung.

Sei aufrichtig, besonders wenn auch dir einmal ein Fehler passiert. Eltern geben eine lächerliche Figur ab, wenn sie aus Stolz offensichtliche Fehler einfach leugnen.

„Fehler, von denen sich keine Familie erholt, sind diese: Arroganz, Unbeugsamkeit, Verschlossenheit, Starrsinn und die Unfähigkeit, Unrecht zuzugeben und um Verzeihung zu bitten.

Eltern müssen nicht perfekt sein, aber ehrlich und bereit, sich zu ändern. Die drei schwierigsten Sätze für Eltern müssen dennoch ausgesprochen werden. So kurz sie auch sein mögen, es ist zugegebenermaßen nicht einfach, sie tatsächlich auch zu sagen. Sie lauten: ‚Es tut mir leid. Ich war im Unrecht. Bitte verzeih mir!'

Jugendliche, die diese Worte niemals von ihren Eltern hören, werden auch nicht lernen, sie auszusprechen. Auch sie werden sich starrsinnig an ihrer eigenen Meinung festklammern, und ein negativer Wirkungskreis wird der nächsten Generation weitergereicht."[26]

Sei gerecht, indem du keines deiner Kinder vorziehst. Wenn du eine Entscheidung treffen mußt, berücksichtige alle gleichermaßen. Und vor allem eins: Laß dich in Frage stellen! Eltern, die sich hinterfragen lassen, werden von ihren Kindern eher als Partner akzeptiert.

Bleibe natürlich, stehe zu deinem Typ und zu deinem Alter. Es gibt Eltern, die den Altersunterschied zu ihren Kindern zu kaschieren versuchen, indem sie sich übertrieben kumpelhaft geben und einen rauhen, burschikosen Ton nachahmen. Man-

WAS ?!?
IHR BRAUCHT MICH SAMSTAG UNBEDINGT IM BÜRO ?!
KEIN PROBLEM !!
AUF MICH IST VERLAß!
NATÜRLICH BIN ICH DA!
ALSO – BIS DIE TAGE...
SO'N MIST !!
DABEI HATTE ER MIR VERSPROCHEN, WENIGSTENS DIESES WOCHENENDE MAL MIT MIR ANGELN ZU GEH'N!

chen gelingt es, andere wirken lächerlich. Am besten, du stehst zu dir selbst. Sei flott, modebewußt, pflege ein interessantes Hobby und zeige dich interessiert. Aber du bist nun einmal 25 Jahre oder mehr älter, und das ist kein Makel.

Hilf deinem Kind, an sich selbst zu glauben!

Auch dazu gehören wichtige Bausteine:

- Akzeptiere die Meinung, Vorstellungen und Gefühle deines Kindes!
- Sprich mit ihm über seine Einzigartigkeit!
- Achte darauf, daß es Erfolge erlebt!
- Hilf ihm, mit Mißerfolgen umzugehen!

Kinder, die mit dem Gefühl aufwachsen, niemals an die hohen Erwartungen ihrer Eltern heranzureichen, haben es schwer, Selbstwertgefühl zu entwickeln. Die Art des Kindes und seine Vorstellungen zu akzeptieren wird echt auf die Probe gestellt, wenn es ganz anders ist als du.

Mit einigen unserer angenommenen Kinder haben wir es selbst durchlebt. Wir sind recht flott, und Arbeit geht uns schnell von der Hand. Wie reagierst du, wenn du ein Kind um dich hast, das ganz langsam und unorganisiert vor sich hin wurstelt? Oder wenn es trotz allem Fleiß in der Schule nicht so gut mitkommt wie seine klügeren Geschwister? Wenn es zum Beispiel ganz andere Interessen hat als du?

Solche Situationen haben uns an unsere Grenzen geführt. Angesichts der verschiedenen Charaktere unserer vielen Kinder haben wir gesehen, daß genetische Vorgaben eine stärkere Rolle spielen als manche modernen Erzieher in den letzen Jahren angenommen haben. Verhalten ist nicht nur das Ergebnis von Umwelt und Erziehung.

Hier müssen persönliche Vorstellungen und erzieherischer Ehrgeiz zurückgestellt werden. Das Kind muß in seiner Einmaligkeit so angenommen werden, wie es ist. Uns hat geholfen, die Andersartigkeit klar zu formulieren: „Jawohl, sie ist wesentlich langsamer als wir. Wir werden versuchen, sie anzuspornen, sie aber künftig nicht mehr unwillig antreiben!“

Du kannst dir zum Beispiel sagen: „Ich sehe ein, daß mein Junge meine musikalischen Interessen nicht teilt. Ich werde ihn nicht zwingen, Klavier zu lernen!"

Ein Kind kann sich nicht frei entfalten, wenn die unzufriedenen Augen der Eltern ständig auf es fixiert sind. Am besten gelingt dir, ein Kind so anzunehmen, wie es ist, wenn du für es betest und es Gott übergibst.

Wenn dein Kind mit einem gesunden Selbstwertgefühl aufwachsen soll, mußt du seine Einzigartigkeit im Vergleich zu anderen Kindern erkennen und in der Lage sein, mit seinen individuellen Stärken und Schwächen umzugehen. In den Teenagerjahren solltest du auch mit ihm darüber sprechen, damit es selbst besser damit umgehen lernt.

„Die speziellen Fähigkeiten und Begrenzungen eines Kindes kann man gut mit den drei Farben einer Verkehrsampel vergleichen. Das ‚grüne Licht' symbolisiert die *Fähigkeiten* im Leben eines Kindes. In diesen Bereichen ist es motiviert, hat es Erfolg und Freude. Die ‚gelben' und die ‚roten Lichter' stehen dagegen für die *Begrenzungen*. In dem ‚Gelbbereich' kann es mithalten, jedoch nur durchschnittlich. Das ‚Rot' sind Gebiete, in denen es weder Freude noch Erfolg hat.

Das gehört nun zu deiner Erziehungsaufgabe: Zu erkennen, wo die ‚roten', ‚gelben' und ‚grünen' Bereiche im Leben deines Kindes zu finden sind, und es entsprechend zu fördern!

Dies gelingt am besten, indem du seine spontanen Neigungen beobachtest – was es von sich aus gern tut beziehungsweise ablehnt –, seine Gewohnheiten, seine Temperamentsanteile usw. Für das eine Kind mag Fußball das strahlende ‚Grün' sein, für ein anderes dagegen, drinnen zu hocken und zu schmökern.

Wenn sich ein Kind in seinen ‚Grünbereichen' betätigen kann, erfährt es Befriedigung und die Stärkung seines Selbstwertgefühls. Wird es gezwungen, ständig in seinen ‚Gelb-' und ‚Rotbereichen' zu arbeiten, dann wird es erfolglos bleiben und frustriert reagieren. Dies wird auch Spuren in seinem Wertgefühl hinterlassen. Warum? Weil es die Erwartungen anderer niemals zufriedenstellend erfüllen kann. Es wird sich minderwertig vorkommen, und sein Leben wird immer mehr negative Züge annehmen.

Aber manchmal muß ein Kind mit ‚Gelb-' und ‚Rotbereichen' fertig werden. In der Schule und in der Arbeitswelt wird wenig nach persönlichen Vorlieben gefragt. Nehmen wir an, deine Tochter hat in der Schule ihr ,Grün' im sprachlichen und musischen Bereich, während sie bei Mathematik und Physik ,rot' sieht. Da sie aber Mathe und Physik nehmen muß, wie kannst du ihr helfen, zu überleben?

Du wie auch deine Tochter, ihr müßt bei realistischen Erwartungen bleiben. Du kannst zwar erwarten, daß sie in ihren ,Grünbereichen' gute Leistungen vorzeigt, aber du mußt deinen Anspruch in den anderen Bereichen herunterschrauben, ohne ihn ganz aufzugeben. Sie soll ihr Bestes in Mathe und Physik geben, aber du wirst mit einem ,ausreichend' zufrieden sein.

Natürlich kann sich ein Kind steigern, aber Eltern werden niemals aus einem ,Rot' ein ,Grün' machen können. Und es ist wichtig, ein ,Gelb' oder ein ,Rot' weder als Faulheit noch als Schwäche zu sehen, sondern einfach als eine persönlichkeitsbedingte Begrenzung!

Probleme tauchen nämlich auf, wenn Eltern versuchen, natürliche Begrenzungen in Fähigkeiten umzuformen, anstatt das Kind so zu akzeptieren, wie es ist. Es ist schmerzvoll, einen frustrierten Vater zu beobachten, der sich abquält, aus seinem Sohn einen Athleten zu machen, obwohl dessen ,Grün' ganz woanders liegt.

Vergleiche unter Kindern sind genauso unfair, denn alle Kinder, auch die aus einer Familie, haben unterschiedliche ,Grün-' und ,Rotbereiche'. Also, hör auf, Vergleiche zu ziehen, und akzeptiere jedes Kind als einzigartige Gabe Gottes!

Sprich dein Kind frei von allen deinen vorgefaßten Erwartungen und von deinem heimlichen Ehrgeiz! Vielleicht mußt du aufrichtig darum beten, dich im Namen Jesu von *deinen* Vorstellungen lösen und Gott bitten, dich zu einem Menschen zu formen, der sein Kind bedingungslos lieben kann."[27]

Dieses einfache Bild mit den drei Farben ist für Kinder leicht nachvollziehbar. Ihr könnt ein sehr anregendes Familiengespräch darüber haben, wo die „Grün-", „Gelb-" und „Rot"-Bereiche jedes einzelnen liegen. Wenn ein Kind seine Stärken und Schwächen besser kennt, kann es besser damit umgehen und in seiner Selbstachtung wachsen.

Achte darauf, daß dein Kind Erfolge erlebt. Das heißt, entdeckt zusammen seine „Grün-Bereiche", und dann fördere dein Kind darin. Es stärkt das Selbstbewußtsein ungemein, wenn man etwas kann, was nicht jeder fertigbringt.

Aber hilf deinem Kind auch, mit Mißerfolgen umzugehen, die unvermeidlich kommen werden. Du weißt selbst: Mit der richtigen Haltung kann man aus Fehlern eine Menge lernen. Dabei spielt dein Vorbild eine wichtige Rolle. Wie reagierst du, wenn es nicht so läuft, wie du es dir vorgestellt hast? Schmeißt du die Klamotten hin? Schimpfst du auf alle anderen?

Wie geht man am besten mit Mißerfolgen um?

Nicht aufgeben! Humor behalten, und über sich selbst lachen! Eine Pause einlegen, und es noch einmal versuchen! Und wenn es gar nicht gelingt, sich nicht als Versager abstempeln, sondern sagen: Dafür bin ich in anderen Bereichen gut!

In solch einer Haltung wird ein Teenager besser mit den Höhen und Tiefen des Lebens fertig, und er behält sein gesundes Selbstild in allen Situationen.

Der Einfluß von Gleichaltrigen

Auch wenn aktuelle Untersuchungen gezeigt haben, daß Gruppendruck unter Teenagern bisher überbewertet und falsch verstanden wurde, bleibt er ein starker Einfluß. Nicht nur, was Kinder betrifft – vergiß bitte nicht, daß Erwachsene genauso unter gesellschaftlichem Druck stehen und damit mehr oder weniger gut umgehen können.

Du mußt die Gründe für den Einfluß von Freunden verstehen, Gegengewichte schaffen und dein Kind lehren, mit diesem Druck umzugehen.

Mythen und Fakten

Laß uns zwischen Mythen und Fakten unterscheiden: *Gleichaltrige üben immer einen schlechten Einfluß aus,* denken manche Eltern. Falsch! Der Einfluß kann negativ, aber auch positiv sein, je nachdem, welche Freunde dein Kind sich aussucht.

In der Regel schließen wir Freundschaft mit Menschen, die ein Bedürfnis in unserem Leben befriedigen. Eine Familie kann nicht auf alle Bedürfnisse eines Teenagers eingehen. Er braucht den Umgang mit Gleichaltrigen. Wenn ein Teenager jedoch eine in deinen Augen negative Freundschaft eingeht, mußt du dich fragen, was für ihn daran so attraktiv ist, und was er in deiner Familie vermißt: Fühlt er sich durch den Freund besser verstanden, ist es pure Abenteuerlust und Neugierde oder ein Kampf um Unabhängigkeit?

Der positive Einfluß Gleichaltriger dagegen wird von Eltern oftmals gar nicht dankbar genug registriert. Er kann Wunder bewirken: Da wird aus deinem stillen, zurückgezogenen Jungen ein Energiebündel, weil er von Gleichaltrigen, die laufend kreative Einfälle haben, akzeptiert und mitgezogen wird. Oder die Schulleistungen deiner Tochter bessern sich plötzlich, weil sie mit ehrgeizigen Teenagern zusammensteckt, denen das gemeinsame Lernen Spaß macht.

Eltern haben keinen, Gleichaltrige haben allen Einfluß, ist ein weiteres Vorurteil. In einer großen Umfrage gaben mindestens zwei Drittel der Teenager an, daß sie ihre Eltern als Vorbild sehen und sich wünschen, mit ihnen in Frieden zu leben. Das zeigt, daß Eltern auch in den Teenagerjahren noch einen wichtigen, positiven Einfluß ausüben können.

Wenn es um soziale Kontakte und Geschmacksfragen in Mode und Musik geht, richten sich Heranwachsende eher nach Gleichaltrigen. Handelt es sich um grundlegende religiöse und moralische Werte, um die Berufswahl und ihre Zukunft, achten sie auf den Rat der Eltern.

Alle Jugendlichen erliegen dem Gruppendruck. Das ist eine weitere Übertreibung. Teenager unterscheiden sich stark in ihrer Anfälligkeit für Gruppenkonformität. Wir haben schon beschrieben, daß ein Teenager mit gesundem Selbstbewußtsein und persönlichen Überzeugungen besser mit Gruppendruck umgehen kann als einer, dem dies fehlt.

Die Leiterpersönlichkeiten unter den Teenagern sind nicht so leicht verführbar und werden andere mitziehen. Ein „Mitläufer-Typ", der stark auf die Anerkennung anderer angewiesen ist, steht schlechter da.

Du siehst, so schlecht sind deine „Chancen" gar nicht, als Mutter oder Vater eine gute Beziehung zu deinem Teenager aufrechtzuerhalten. Du kannst noch eine Menge ausrichten.

Der Druck, unter dem Teenager stehen

Len Kageler zählt fünf Bereiche auf, in denen Teenager durch andere unter Druck gesetzt werden können[28]:

- der Druck, sexuell aktiv zu werden,
- der Druck, gut auszusehen,
- der soziale Druck durch Parties und Drogen,
- der Druck durch Materialismus, Cliquen und Vorurteile sowie
- der geistliche Druck, unter dem Teenager stehen.

Wir leben in einer Gesellschaft voller sexueller Botschaften. Sie stecken in der Musik, die Kinder hören, in den Zeitschriften, die sie durchblättern, und in Filmen und Fernsehsendungen. Diese Botschaften machen sich jedoch auch in ihrem sich wandelnden Körper bemerkbar.

Nichtchristliche Teenager haben geringere Skrupel, mit der Menge mitzulaufen und sexuell aktiv zu werden. Aber christliche Teenager stehen vor harten Entscheidungen: Einerseits wissen sie, daß Sex vor der Ehe nicht das ist, was Gott möchte, andererseits spüren sie das Feuer von innen und den Druck von außen.

Du solltest nicht warten, bis die Probleme da sind. Wenn du mit deinem Teenager offen über Sex und den Druck sprichst, der auf ihn einstürmen wird, kannst du ihm helfen, verantwortungsvoll zu reagieren:

- *Teile eine positive Sicht über Sex mit!*
  Hinterlasse niemals den Eindruck, Sexualität sei falsch, schmutzig oder sündig. Bei der schwierigen Aufgabe, sie einerseits positiv und von Gott gewollt darzustellen, aber andererseits davor zu warnen, daß man sich zu früh darauf einläßt, kann das leicht geschehen.
- *Nenne mehr als nur die Fakten!*
  Dein Teenager muß von dir hören, daß Sexualität mehr als nur ein körperlicher Akt ist. Sie macht den Unterschied zwischen Mann und Frau aus, denn beide empfinden und reagieren unterschiedlich. Sexualität umfaßt Beziehungen, Gefühle, Hingabe, Erwartungen, Verwundbarkeit und Vertrauen.
- *Sprich über die Vorteile des Wartens!*
  Dein Teenager muß wissen und für sich akzeptieren, daß es sinnvoll ist, zu warten – ganz gleich, was die Freunde sagen. Beziehungen, die schnell „zur Sache" kommen, sind meistens von kurzer Dauer. Was geschieht, wenn das Verliebtsein vorbei ist? Voreheliche Geschlechtsverkehr bringt zusätzliches seelisches Leid, wenn es zu einer Trennung kommt. Was ist mit Geschlechtskrankheiten und ungewollter Schwanger-

schaft? Sex hält keine Beziehung zusammen. Im Gegenteil, er kann zur Entfremdung führen, weil andere Bereiche einer Beziehung vernachlässigt werden.

– *Hilf dem Teenager, über Möglichkeiten nachzudenken, wie er dem Druck widerstehen kann!*
  Laß ihn sich Situationen ausmalen, in die er sich nie begeben möchte. Hilf ihm, Antworten und „Sprüche" zu formulieren, wenn andere ihn unter Druck setzen wollen.
  Auf den Einwand „Das macht doch jeder" zum Beispiel: „Nicht jeder – ich zum Beispiel nicht!"
  Auf „Was ist denn los mit dir? Bist du verklemmt?": „Ich bin frei genug, um zu wissen, was gut für mich ist."
  Auf „Wenn du nicht mitmachst, gehe ich mit jemand anders" die Antwort: „Wenn du mich liebtest, würdest du meine Gefühle achten."

Bin ich hübsch genug?

„In unserer Kultur wird ein derart starker Nachdruck auf gutes Aussehen und einen schönen Körper gelegt, daß es für die meisten von uns schwierig ist, sich keine Sorgen zu machen, wie wir beim Vergleich mit den ‚vollkommenen' Musterbildern aus Zeitschriften und Fernsehen abschneiden. Unglücklicherweise werden unsere Kinder genauso hineingezogen.

Vor Jahren hatte ich die Angewohnheit, immer ein Bild von Mutter Theresa mit mir herumzutragen. ‚Seht mal, ist das nicht eine schöne Frau?' pflegte ich die dreizehn- bis fünfzehnjährigen Schüler zu fragen, während ich ihnen die Photographie zeigte. Wie erwartet kam gewöhnlich die Antwort: ‚Na ja … sie ist alt und runzelig.' Dann erklärte ich den jungen Leuten, wer diese Frau sei und wie sie sich um die Armen in Indien kümmerte. Zum Abschluß sagte ich: ‚Seht euch das Bild jetzt noch einmal an. Meint ihr nicht, daß sie schön ist?' Wenn die Jugendlichen Mutter Theresas innere Schönheit erkannt hatten, führte das unweigerlich dazu, daß sie auch ihr Gesicht ganz anders beurteilten.

Kinder sollten so früh wie möglich lernen, daß ‚Schönheit tiefer sitzt als die Haut'. Die Lektion fängt damit an, daß wir unseren Kindern begreiflich machen, worin ihr wahrer Wert

HEIẞT DAS ETWA, DAẞ DU DAMIT BIS ZUR EHE WARTEN WILLST ?!?
?!?
BRAVO
GIRL!
REGGAE
GET IN GEAR
BRAVO
POSTER

besteht: nicht in äußerlichen Dingen wie Kleidung, Aussehen oder sportlichen Fähigkeiten, sondern im Wissen darum, daß sie in Gottes Augen wertvoll sind."[29]

Genau betrachtet hängt es sehr stark von dir selbst ab, ob dein Teenager „sich annimmt". Wenn du unzufrieden mit deinem Aussehen oder deinem Gewicht bist, kann sich diese Haltung schnell auf dein Kind übertragen. Wenn du dich selbst kritisierst, kritisierst du im Grunde Gott, denn „er hat uns gemacht und nicht wir selbst" (Psalm 100,3). Aber wenn dein Selbstwertgefühl gesund ist und auf biblischen Werten basiert, fällt es auch deinem Kind leichter, mit sich und seinem Aussehen zufrieden zu sein.

Aber jeder macht es doch!

„Alle anderen dürfen es. Das tut doch jeder!" Wie oft müssen sich Eltern diesen Einwand gefallen lassen – ob es um einen fragwürdigen Kinofilm geht, um Ausgehen mit Freunden oder eine ausgedehnte Geburtstagsparty.

Wie kannst du darauf reagieren?

Frage dich zuerst einmal: „Warum gebraucht mein Kind überhaupt dieses Argument? Ist es so bedrohlich, allein dazustehen und nicht mit der Gruppe mitzuziehen? Bin ich als Mutter oder Vater zu streng oder ängstlich?"

Wenn du deine Gefühle und die deines Kindes verstehst, kannst du über mögliche Antworten nachdenken. Hier sind einige Anregungen für eine Diskussion:

- Warum ist das Argument so wichtig für dich?
- Tut es wirklich jeder? Wer ist es? Und warum?
- Was ist wichtiger: Das zu tun, was richtig ist oder das, was jeder tut?
- Ist es verkehrt, anders zu sein?
- Wie gehst du mit Menschen um, die anders sind?
- Welche Meinung ist dir am wichtigsten: die deiner Freunde, der Eltern, der Geschwister, der Lehrer, der Nachbarn, des Pastors, Gottes?
- Kannst du gegen den Strom schwimmen?

Indem ihr diese Fragen aufrichtig durchsprecht, hilfst du deinem Teenager, dem Druck durch Genußmittel, durch Drogen und auf Partys zu widerstehen und den Mut zu fassen, das zu tun, was er für richtig hält – egal, was andere um ihn herum sagen und tun.

Willst du mit mir gehen?

Wie reagierst du, wenn deine dreizehnjährige Tochter dir erzählt, ein Schulkamerad hätte ihr laufend „Briefchen" zugesteckt und jetzt gefragt, ob sie „mit ihm gehen würde"?

Du weißt, daß gegengeschlechtliche Freundschaften schon ab der sechsten und siebten Schulklasse sehr ernst genommen werden und – wenn man einer Jugendzeitschrift wie „Bravo" glaubt – sehr intensiv sind. Wer keinen Freund oder keine Freundin vorzeigen kann, steht in der Klasse einsam da.

Zunächst einmal ist es großartig, daß deine Tochter dich überhaupt ins Vertrauen zieht. Das ist überhaupt nicht selbstverständlich. Also mache dich nicht lustig, sondern nimm sie ernst. Für sie ist es ein Problem.

Am liebsten würdest du ihr wahrscheinlich raten, dem jungen Verehrer einen Korb zu geben. Tu's ruhig! In diesem Alter ist es wirklich besser, noch nicht zu intensiv in eine gegengeschlechtliche Freundschaft einzusteigen.

Frage sie: „Was möchtest du denn?" Wenn sie antwortet: „Ich finde das alles so blöd …", dann sage ihr: „Vielleicht hat er dich nur gefragt, weil er unter dem Druck steht, unbedingt eine Freundin vorzeigen zu müssen." Ermutige sie, Jungen gegenüber eine nette Klassenkameradin zu sein, aber sonst ihren eigenen Interessen nachzugehen, bis Gott ihr einmal einen richtigen Freund zeigt. „Die Jungen werden dich mehr achten, wenn du ihnen nicht gleich wie eine leichte Beute in die Arme fällst." Bestätige ihr auch noch einmal, daß du es ganz großartig findest, daß sie mit diesem Anliegen zu dir gekommen ist, und daß du ihr immer gern eine Beraterin sein möchtest.

Es kann aber auch so aussehen, daß deine Tochter die „erste große Liebe" gepackt hat und sie nicht willig ist, den Bewerber ziehen zu lassen. Jetzt mußt du abwägen: Wenn deine Tochter einen starken Willen hat und du ahnst, daß sie sich heimlich mit ihm treffen wird, dann gehe nicht auf Konfrontation. Sieh lieber zu, daß du im Gespräch mit ihr bleiben und sie begleiten kannst.

Wenn der „Mantel der Heimlichkeiten" gelüftet wird und sie keinen Anlaß hat, sich von dem Jungen wegen ihrer „hartherzigen" Eltern trösten zu lassen, kann sich diese „Liebe" schneller verflüchtigen, als wenn du die Beziehung strikt verbietest und einen „kalten Krieg" beginnst.

In der amerikanischen Kultur gibt es für „Teenie-Freundschaften" penible Vorschriften. Es gehört zum gesellschaftlichen Leben, daß ein Teenager mit etwa vierzehn mit dem „dating" verschiedener Jugendlicher beginnt. Dazu gehört, daß der junge Bewerber sich bei den Eltern der Dame vorstellt, sie pünktlich um 22.00 Uhr wohlbehalten zu Hause abliefert und sie sich nicht nur zu zweit herumdrücken, sondern in kleinen Gruppen etwas unternehmen. Der Vorteil ist, daß die jungen Leute in diesem vorgegebenen Rahmen ungezwungen verschiedene Partner kennenlernen können. Der Nachteil dieses „Dating-Rummels" ist, daß jeder sich schon sehr früh verpflichtet sieht, auszugehen, um „Trophäen" zu sammeln.

In Deutschland ist so etwas kaum vorstellbar. Deswegen mußt du deinem Kind ähnliche Regeln mitgeben – je nach Alter und Reife. Mache ihm deutlich, daß dies auf jeden Fall eine „Freundschaft auf Zeit" ist und es vom Alter her gar nicht möglich ist, schon den „Partner fürs Leben" gefunden zu haben, wie mancher Teenie es träumt. Erkläre noch einmal den Unterschied zwischen Verliebtsein und Liebe und zwischen Mann und Frau. Erkläre, daß nichts dabei ist, wenn sie als Freunde etwas miteinander unternehmen, aber daß Erotik und Intimitäten nicht angebracht sind. Vermutest du, daß sie diese Grenze doch nicht einhalten, dann gehe mit deinem Kind alle Fragen über Sexualität durch, die Tim LaHaye in seinem Buch „Aufklären – aber wie?" aufgeführt hat. Und laß sie nicht zu viel allein.

Du kannst deinem Teenager auf diese Weise besser helfen, richtige Umgangsformen dem anderen Geschlecht gegenüber zu finden, als wenn du alles strikt verbietest, dann die Heimlichkeiten beginnen und ihr keine Gesprächsbasis mehr habt.

Verhalte dich bitte auch nicht so wie die Eltern, die einfach schweigen und ihrem Mädchen lediglich eine Schachtel Pillen geben, ganz nach dem Motto: „Hauptsache, kein Baby!"

Sei kein Frosch: Mach mit!

Es gibt wohl kaum einen Teenager, der nicht schon einmal an einer Zigarette gezogen hat und beschwipst war. Ehe du dich über dein Kind aufregst, denke einmal an deine Teenagerzeit zurück. Solange es beim Probieren bleibt, ist es harmlos. Sorgen machen die Kinder, die jede Pause auf dem Schulklo rauchen und sich mit Alkoholfeten brüsten.

Auf jeden Fall zählt dein Vorbild im Umgang mit Genußmitteln. Wenn du selbst rauchst oder jeden Abend „zum Entspannen" eine halbe Flasche Wein brauchst, wirst du dein Kind schwer davon überzeugen können, daß Nikotin und Alkohol schädlich sind. Auch wenn du Süßigkeiten nicht widerstehen kannst, bist du ein schlechtes Vorbild an Selbstbeherrschung und Maßhalten.

Statistiken zeigen, daß Kinder von Nichtrauchern seltener zu Zigaretten greifen als Kinder von Rauchern. Selbst Passivrauchen kann süchtig machen.

Neulich erzählte uns eine junge Mutter, selbst erklärte Nichtraucherin, daß sie beim ersten Hauch einer frisch angezündeten Zigarette ganz plötzlich Appetit darauf bekommt, weil sie dann sofort ihren Vater vor sich sieht, der sich genüßlich eine Zigarette ansteckt.

Ähnlich ungünstig ist es, wenn Kinder unter Erwachsenen aufwachsen, die sich zu jeder Gelegenheit zuprosten und erst fröhlich sein können, wenn sie ihr Quantum genossen haben. So sehen sie es ja eh laufend im Fernsehen. Elternhäuser, die Alkohol übertrieben verteufeln, wecken bei ihren Kindern allerdings eher Neugierde darauf, Verbotenes auszuprobieren, als solche, die maßvoll damit umgehen.

Kinder, die regelmäßig rauchen und Alkohol trinken, haben ein niedriges Streßniveau, Probleme mit sich und ihrem Selbstwertgefühl und sind gefährdet, zu härteren Drogen zu greifen, die heute – im Gegensatz zu unserer Jugendzeit – problemloser zu bekommen sind. Ebenso gefährdet ist ein Teenager, der dem

Gruppendruck auf Klassenfahrten oder -feiern nichts entgegensetzen kann.

Genau wie in den anderen Lebensbereichen gilt:

- Baue ein positives Wertgefühl in deinem Teenager auf,
- lehre ihn gesunde Wege, Streß abzubauen,
- informiere ihn über die Gefahren von Drogen,
- denke mit ihm Möglichkeiten durch, auf den Druck Gleichaltriger zu reagieren, und
- baue gesunde Familienbeziehungen, die offene Kommunikation und gegenseitige Achtung einschließen.

Was, das kannst du dir nicht leisten?

Teenager stehen unter dem Druck, gewisse Dinge zu haben und die Kinder zu verachten, denen das nicht möglich ist. Das betrifft vor allem Kleidung und technisches Spielzeug wie Computerspiele und Walkmen.

Vielleicht hast du dich auch schon einmal kopfschüttelnd gefragt, warum dein Kind unter Tränen darauf bestand, diese eine Turnschuhmarke zu bekommen, wo doch die vierzig Mark billigeren die gleiche Qualität haben. Wie durch ein Lauffeuer verbreitet, ist es mal diese, mal jene Marke, die ein Kind haben muß, um dazuzugehören. Wir denken nur an die überteuren amerikanischen High-School-Jacken, die zur Zeit so begehrt sind, daß ältere Schüler sie den jüngeren unter Gewaltanwendung auf offener Straße abzwingen.

Der Hang zu Materialismus und Verachtung gegenüber finanziell Schwächeren kommt aber nicht allein durch Medien und Gleichaltrige, sondern auch von den Eltern. Überprüfe deine eigenen Werte und Prioritäten und die Botschaften, die du über Geld und Wohlstand ausstrahlst.

Denke einmal über folgende Fragen nach:

- Sind deine Einkäufe davon beeinflußt, was andere wohl über dich denken?
- Wie fühlst du dich, wenn du dir nicht das leisten kannst, was für deine Nachbarn selbstverständlich ist?

- Begegnest du manchen Menschen respektvoller als anderen, weil sie wohlhabender und wichtiger sind?
- Legst du auf Dinge mehr Wert als auf Beziehungen?

Deine Antworten können einiges aufdecken. Sie zeigen, wie wichtig es ist, einen ausgewogenen Lebensstil in bezug auf Geld und Besitz zu entwickeln. Die Gestaltung von Festen wie Weihnachten und Geburtstagen kann wegweisend sein: Geht es an diesen Tagen vor allem darum, sich gegenseitig Freude zu machen und Beziehungen zu pflegen, oder stehen Geschenke und Imagepflege im Vordergrund?

Entwickle mit deinen Kindern eine gesunde „Konsumkritik". Analysiert Werbegags auf Plakaten und im Fernsehen. Begründet einander, warum ihr ausgerechnet dieses Produkt kaufen wollt: Weil es alle haben? Weil es notwendig ist? Aufgrund der Qualität? Weil es ein „Schnäppchen" ist? Weswegen sonst?

Erarbeitet zusammen einen christlichen Umgang mit Geld. In der Bibel gibt es tatsächlich mehr als 700 Textstellen, die sich direkt darauf beziehen. Es ist ein spannendes Abenteuer, diese Verse mit Hilfe einer Konkordanz aufzuspüren und Gottes Prinzipien für ein Leben in finanzieller Freiheit zu befolgen. Im letzten Teil des Buches „Papa, rück' die Scheine raus" findest du zu diesem Thema ein Bibelstudium für Eltern und Kinder.[30]

Eine gesunde Einstellung zu Besitz kannst du auch vermitteln, wenn ihr gemeinsam Menschen dient, denen es nicht so gutgeht wie euch. Warum packt ihr nicht gemeinsam ein Paket für eine Familie in einem der osteuropäischen Länder oder versorgt eine Asylantenfamilie in eurer Stadt? Da müßt ihr nämlich richtig grübeln, was zu den grundlegenden Dingen des Lebens gehört. Selbst in ein ärmeres Land zu gehen und den Menschen vor Ort zu helfen ist ein unvergeßliches Erlebnis. Oft versteht man erst, wenn man zurückkommt, wie gut es uns geht, und verachtet den Konsumrausch.

Was ist wirklich dran am Glauben?

In den Teenagerjahren entwickelt ein Kind neue Denkmuster. Seine Fähigkeit, abstrakt zu denken und zu argumentieren, nimmt zu. Damit schließt sich ihm eine neue Welt auf. Alles, auch der bisherige Glaube, wird unter diesem neuen Denken überprüft.

Vielleicht stellt es jetzt viele kritische Fragen. Das sollte dich nicht erschrecken oder meinen lassen, jetzt ist mein Kind vom Glauben abgefallen. Es will den Dingen auf den Grund gehen und hat Freude daran, durch Argumente seinen Standpunkt zu entwickeln und zu festigen. Höre geduldig zu, beantworte seine Fragen, soweit du kannst. Nur so kannst du in dieser wichtigen Zeit der Neuorientierung ein Partner sein. Wenn du

in Panik gerätst und seine Fragen und Kritik als Sünde verdonnerst, treibst du dein Kind von dir weg, und es wird eventuell bei Gleichaltrigen nach Antworten suchen.

Mancher Teenager, der in einem christlichen Elternhaus aufgewachsen ist, begreift erst jetzt den großen Unterschied zwischen christlichem und nichtchristlichem Lebensstil. Möglicherweise ist er der einzige Christ unter lauter ungläubigen Klassenkameraden und Lehrern. Für manche Heranwachsende ist diese Herausforderung einfach zu groß: Sie tauchen unter und gehen für einige Zeit in den „christlichen Geheimdienst". Nur gut, wenn er dann verständnisvolle Eltern und Freunde in einer christlichen Jugendgruppe hat.

Auf die Frage, wie der Glaube eines Teenagers gestärkt werden kann, gehen wir in einem späteren Kapitel ein.

Dem Druck widerstehen!

Die vorangegangenen Kapitel haben dir schon das Werkzeug in die Hand gegeben, wie du deinem Teenager helfen kannst, dem Druck Gleichaltriger zu widerstehen:

- Lerne dein Kind und seine individuelle Herausforderung durch Gleichaltrige gut verstehen.
- Bleibt im Gespräch. Suche immer nach Möglichkeiten, zu beraten und zu begleiten.
- Schule seine Eigenständigkeit, und hilf ihm, eigene Werte zu entwickeln und zu vertreten.
- Stärke und erhalte sein Selbstwertgefühl.

Dies sind die wesentlichen Punkte, seinen eigenen Weg unbeirrbar gehen zu können und eher andere mitzuziehen, als sich selbst mitziehen zu lassen.

Aber eins müssen wir noch durchgehen: die Auswahl von guten Freunden und den Umgang mit ihnen!

Die Freunde, die sich dein Kind aussucht und mit denen es seine Freizeit gestaltet, werden mitbestimmen, wie harmonisch beziehungsweise stürmisch die Teenagerjahre verlaufen.

Ohne zu manipulieren, kannst du deinem Kind helfen, gute

Freunde auszuwählen. Als unsere Kinder noch recht jung waren, haben wir bereits betont, wie wichtig und schön es ist, gute Freunde zu haben, und ihnen von unseren Freunden erzählt: von unseren jetzigen und von denen, die wir hatten, als wir selbst Teenager waren.

Kinder hören gern Geschichten aus deiner Jugendzeit. Wir haben erzählt, wie schwer es ist, als junger Christ Freundschaften zu nichtchristlichen Jugendlichen aufrechtzuerhalten. Es ist fast unmöglich, denn mit einem wahren Freund möchte man über die wichtigsten Werte und Ziele des Lebens sprechen und mit ihm auch beten können. So haben wir unsere Kinder ermutigt, den ungläubigen Teenagern – wie wir damals – wirklich gute Kameraden zu sein, ihnen Zeugnis zu geben und ihnen beizustehen, aber doch die Illusion aufzugeben, unter ihnen einen echten Freund zu finden. Den findet man wahrscheinlich nur unter Christen.

Wir können uns noch gut erinnern, wie wir in einem Familienurlaub in Schweden einmal eine intensive Bibelarbeit über den Begriff „Freundschaft" machten. Eberhard nahm sich eine Konkordanz, suchte einige Bibelverse heraus und sprach sie dann mit den Kindern durch. Sie waren mit Feuereifer dabei. Es interessierte sie, was ein wahrer Freund ist und wie wichtig es ist, die richtige Wahl zu treffen.

Gehe mit deinen Kindern selbst einmal diese Verse durch.

- Zur Wahl des Freundeskreises:
  „Wer mit Weisen umgeht, wird weise; aber wer sich mit Toren einläßt, dem wird es schlechtgehen" (Sprüche 13,20).
  „Ich halte mich zu allen, die dich fürchten, denen, die deine Vorschriften einhalten" (Psalm 119,63).
  „Laß dich nicht ein mit einem Zornigen, und mit einem Mann, der sich schnell erregt, verkehre nicht, damit du dich nicht an seine Pfade gewöhnst und eine Falle stellst für dein Leben" (Sprüche 22,24-25).
- Wer ist ein Freund?
  „Ein Freund liebt zu jeder Zeit, und als Bruder für die Not wird er geboren" (Sprüche 17,17).
  „Größere Liebe hat niemand als die, daß er sein Leben hingibt für seine Freunde" (Johannes 15,13).

Aber was tun, wenn die Auswahl an Freunden zu gering ist? Unsere ältesten Kinder hatten kaum Gleichaltrige in unserer Kirchengemeinde. So haben wir uns bemüht, überregionale Kontakte zu ermöglichen und zu erhalten. Seminare und Freizeiten sind gute Gelegenheiten dafür. Daraus können sich Brieffreundschaften entwickeln. Wir haben Zeit und Geld für gegenseitige Besuche investiert, für christliche Teenagerkonferenzen und Einsätze, zum Beispiel bei den „King's Kids", einem Arbeitszweig von „Jugend mit einer Mission".

Aber es hat sich gelohnt. Unsere Großen haben ein ganzes Netz wertvoller christlicher Kontakte und Freundschaften und brauchen ihre Anerkennung und Wertschätzung nicht bei ungläubigen Teenagern aufpolieren. Natürlich mußt du aufpassen, daß du nicht übertreibst und dein Kind in ein „christliches Ghetto" sperrst. Aber es ist doch wertvoll, wenn der christliche Einfluß überwiegt.

Wenn du auch noch dein Haus öffnest und den jungen Leuten ein Freund wirst, hast du einen weiteren Trumpf in der Hand. Auch wenn es anstrengend ist, haben wir uns immer bemüht, ein gastfreies Haus für andere Kinder zu haben. Es gibt kaum ein Wochenende, an dem nicht junge Gäste unser Haus bevölkern oder eins unserer Kinder bei Freunden zu Besuch ist.

Ein Vorteil ist: Du behältst den Überblick und weißt, was sich so abspielt. Wir haben lieber unsere Bude voll, als daß sich unsere Großen sonstwo herumtreiben. So kannst du mögliche Probleme rechtzeitig erkennen. Ein weiterer Vorteil: Es tut deinem Kind und seinen Freunden gut, wenn du persönliches Interesse an ihnen zeigst. Seine oder ihre Kumpel werden dich „dufte" finden, und das wertet auch dich auf, besonders wenn es in einer Krise auf dein „Image" ankommt.

Mache die Freundschaften deines Teenagers zu einer Priorität. Laß dir alle Besucher vorstellen, plaudere mit ihnen, und zeige aufrichtiges Interesse. Behandle sie mit Respekt. Durch deine Offenheit und dein Interesse wird dein Kind weniger Anlaß haben, außerhalb der Familie ein Geheimleben zu führen, und seine Freunde werden sich gern bei euch aufhalten.

Bleibe großzügig, und sei nicht überbehütend, was dein Haus und die Ausstattung betrifft. Sie werden begeistert sein, wenn du ungefragt eine Tüte Chips und ein paar Cola-Dosen rausrückst und keinen Aufstand machst, wenn es nicht so ruhig verläuft oder etwas Dreck zurückbleibt. Aber stelle von vornherein bestimmt und höflich die Hausregeln klar, wie zum Beispiel: „Bitte nicht so laut, daß es die Nachbarn stört!“ „Dies ist ein ‚Nichtraucher-Haus‘.“ Oder: „Wir leben alkoholfrei!“ Damit nimmst du deinem Kind bei entsprechenden Freunden eine Last ab.

Was tun, wenn du beobachtest, daß sich eine ungute Freundschaft entwickelt? Gerate nicht in Panik. Sie strikt zu verbieten bringt wahrscheinlich nur Kampf und Nachteile. Hüte dich auch vor vorschnellen, herablassenden Urteilen: „Mit wem läufst du denn da herum?“ „Die sieht ja unmöglich aus!“

Wenn du deinem Kind helfen willst, mußt du seine Gründe verstehen. Harte Reaktionen verschließen die Türen zur Kommunikation. Hier ist eine mögliche Strategie:

- *Bete.*
  Gebet sollte die erste Reaktion sein. Bete täglich für den Umgang und die Freunde deines Kindes, nicht nur, wenn es brenzlig wird.
- *Denke die Situation durch.*
  Versuche, den Freund oder die Freundin objektiv zu beurteilen. Laß dich dabei nicht von äußeren Merkmalen wie Kleidung oder Haarstil irritieren. Was zieht deinen Teenager zu dieser Person? Ist es sein Drang nach Unabhängigkeit? Bewundert er einen anderen Lebensstil? Fühlt er sich von diesem Menschen besonders verstanden? Will er ihm vielleicht helfen oder ihn gar zu Jesus führen?
  Wenn du die Gründe, die hinter dieser Beziehung stehen, nicht erkennst, bist du auch nicht in der Lage, angemessen zu reagieren.
- *Sprich mit deinem Kind.*
  Frage aufrichtig: „Sag mal, was gefällt dir an ihm oder an ihr so sehr?“ Höre dir seine Perspektive an. Es ist überhaupt nicht verkehrt, deinem Kind deine Sorge oder dein Mißfallen über eine bestimmte Beziehung mitzuteilen. Aber es muß dir ohne provozierende Konfrontation gelingen. Selbst wenn dein Kind finster und verschlossen vor dir sitzt, wird es aufrichtige und liebevolle Worte der Besorgnis nicht vergessen.

Einer unserer Jungen ist stark von seinen jeweiligen Freunden abhängig. Je nach Umgang läßt er sich runterziehen oder anspornen. Das ist eins seiner Persönlichkeitsmerkmale, mit dem er lernen muß umzugehen. Je älter ein Jugendlicher wird, um so weniger kann man ihm seinen Umgang verbieten. Er wird seine eigenen Erfahrungen sammeln und sich hoffentlich wieder an die Worte seiner Eltern erinnern.

Eltern hätten am liebsten, daß eine bedenkliche Freundschaft sofort abgebrochen wird. Die Lösung wird aber häufig ein Kompromiß sein, zum Beispiel, daß die beiden sich nicht so häufig treffen oder nur mit anderen Freunden zusammen.

Mit Gesprächen und Verhandlungen hältst du den Zugang zu deinem Kind offen und kannst weiterhin mit ihm sprechen und es beraten.

Kommunikation erhalten

In den vorangegangenen Kapiteln haben wir schon häufig betont, wie wichtig es ist, das Gespräch mit Teenagern zu suchen und aufrechtzuerhalten.

Im Mühlan-Tip 3, „Mama, Papa hat gesagt ...!" (Verlag Schulte & Gerth), beschreibt Eberhard die Grundlagen der Kommunikation mit Kindern und nennt einen Merksatz für ein harmonisches Familienleben: „Gute Beziehungen können nur durch ausreichende und gute Kommunikation geschaffen und aufrechterhalten werden!"[31]

Offen und wertschätzend miteinander zu sprechen und aufeinander einzugehen ist nicht nur für Ehepartner eine der größten Herausforderungen, sondern auch für Eltern und Kinder.

Eltern sind in der Regel schlecht auf Gespräche mit heranwachsenden Kindern vorbereitet. Wenn es dir auch so geht, dann arbeite unbedingt Eberhards Buch durch. Ungeschickte Äußerungen und Unbeherrschtheit können die Beziehung zu einem Teenager auf den Nullpunkt bringen. Laß es nie soweit kommen!

Du wirst selbst schon gemerkt haben: Sehr viele Disziplinierungsmöglichkeiten haben Eltern in diesem Alter nicht mehr. Ohne eine gut gewachsene Kommunikation stehst du ziemlich hilflos da! Das ist ein Grund, warum wir so stark betonen, immer mit deinem Kind im Gespräch zu bleiben. Deswegen ist dieses Kapitel für eure Zukunft sehr wichtig.

Miteinander reden – aber wie?

Warum ist es manchmal so schwer, zu Teenagern durchzudringen?

Wenn man sie fragt, beteuern sie vielfach, daß sie mit ihren Eltern reden wollen, aber die Art, wie diese mit ihnen umgehen, abstoßend finden. Um gleich die andere Seite der

Medaille zu nennen: Es gibt auch genügend Eltern, die sich von ihren Kindern abgestempelt fühlen und durch ihre Art betroffen sind. Aber bleiben wir bei den Problemen, die Eltern verursachen können.

Teenager können stundenlang miteinander plaudern und scherzen oder sich den Kummer von der Seele reden – besonders am Telefon. Kaum sind sie mit ihren Eltern zusammen, sind sie sehr schweigsam. Warum?

Paul W. Swets[32] geht auf eine Umfrage ein, die er unter mehr als 800 Teenagern durchgeführt hat. Unter anderem führt er die häufigsten Beschwerden von Teenagern auf.

Nach ihren Worten

- geben Eltern zu schnell Patentantworten,
- werden Eltern ärgerlich, wenn Kinder nicht gleich mit ihren Wünschen übereinstimmen,
- fallen Eltern ins Wort,
- hinterlassen Eltern den Eindruck, zu beschäftigt oder sorgenvoll zu sein,
- reden Eltern zu lange, ohne dem Kind Gelegenheit zu geben, sich zu äußern,
- sind Eltern zu sehr mit eigenen Gedanken und Gefühlen beschäftigt,
- stellen Eltern keine Fragen,
- wollen Eltern nicht wissen, was Teenager denken,
- und verstehen deren Gefühle nicht.

Ein Teenager faßt es so zusammen: „Ich glaube, wenn meine Eltern nur aufhören würden, ständig zu reden, und mir einmal zuhörten, kämen wir viel besser miteinander klar." Ein anderer kommentiert: „Meine sagen, ich solle zu ihnen kommen, wenn ich Probleme hätte; aber wenn ich es tue, sind sie zu beschäftigt oder hören nur halb zu, ohne ihre Beschäftigung – wie rasieren oder die Einkaufsliste zusammenstellen – aufzugeben. Wenn ein Bekannter zu einem Gespräch käme, würden sie sofort damit aufhören, höflich sein und zuhören."

Mehr als 70 Prozent der Teenager beschwerten sich in der Umfrage darüber, daß ihre Eltern sie anschreien. Wir sind eine „Nation von Schreihälsen". Noch nie hat sich eine Beziehung durch gegenseitiges Anschreien verbessert. Warum ist es so schwer, seine Gefühle unter Kontrolle zu halten?

Wenn du wirklich für Veränderungen sorgen willst, dann gib diese Liste deinem Teenager und laß ihn ankreuzen, wie er die Kommunikation in eurer Familie bewertet. Danach hast du genügend Ansatzpunkte für gute Vorsätze.

Aber wo können Eltern Hilfe bekommen und lernen, mit Argumenten, lauten Worten und Gefühlsausbrüchen richtig umzugehen?

Hier sind einige Schritte, die dir helfen, Gesprächsbarrieren zu überwinden und mit deinen Kindern vertraut zu bleiben:

Klare Ziele fassen!

Angesichts der Beschwerdeliste von Teenagern könntest du dir einfache, aber durchschlagende Ziele stecken. Zum Beispiel:

- Ich will erst nachdenken, bevor ich spreche.
- Ich will zuhören, ohne zu unterbrechen.
- Ich will einen kritischen Ton vermeiden.
- Ich will ruhig sprechen, ohne laut zu werden.
- Ich möchte Fragen stellen, die ein Gespräch interessant machen.
- Ich möchte wirklich wissen, wie mein Kind denkt und fühlt.
- Ich möchte nicht den Eindruck hinterlassen, keine Zeit zu haben.
- Ich möchte so mit meinem Teenager sprechen, wie er auch mit mir sprechen darf.

Einige dieser Vorsätze wirst du ohne große Schwierigkeiten verwirklichen können, bei anderen brauchst du echte Schulung. Wir wollen dir ein paar Gedanken dazu mitgeben.

Das Recht verdienen, gehört zu werden!

Wenn Eltern sich beklagen, daß sie mit ihrem Teenager nicht reden können, möchten wir am liebsten zurückfragen: „Sag mal, wie interessant bist du eigentlich als Gesprächspartner?"

Hast du schon einmal darüber nachgedacht, wie du auf dein Kind wirkst, wenn ihr miteinander sprecht?

Eberhard hat in „Mama, Papa hat gesagt ...!" sieben schlechte Kommunikationstypen charakterisiert,[33] die es wirklich nicht verdienen, daß man ihnen zuhört:

- Da ist der *Überwacher* mit vielen Befehlen und Kontrollfragen.
- Der *Moralist,* der seinen Kindern kaum zuhören kann, ohne ständig seine Moralvorstellungen weiterzugeben.
- Der *Alleswisser,* der meint, daß Weisheit automatisch mit dem Alter kommt, und ein Typ ist, der einem Kind ständig ins Wort fällt, es nicht ausreden läßt und nicht zuhören kann.
- Der *Richter,* der sein Urteil schon parat hat, während er zuhört. Er schaut erhaben auf seine Kinder herab, macht natürlich niemals Fehler und hat es nicht nötig, sich jemals zu entschuldigen.
- Der *Kritiker* äußert sich negativ und pessimistisch. Er ist bestens geschult, die Schwächen und Fehler des anderen zu benennen, und sieht bei jedem Vorschlag bereits alle möglichen Probleme.
- Der *Psychologe* beobachtet und analysiert ständig sein Kind. Sorgsam ist er darauf bedacht, „traumatische Erfahrungen" zu vermeiden und Entwicklungsschritte zu beschleunigen.
- Zum Schluß dieser Negativ-Liste der *Besänftiger*: Er zeigt übertrieben schnell Sympathie, gibt nach, will jedes Problem für den anderen lösen und es jedem recht machen.

Welche abstoßenden und verletzenden Anteile magst du bei dir entdecken?

Was kennzeichnet denn nun einen interessanten Gesprächspartner?

„Er kann:

- gut zuhören,
- gute Fragen stellen und
- gut erzählen. ...

Zuhören ist eine der wichtigsten Aufgaben für Eltern! Du solltest dir das neu als Ziel setzen. Wenn *Du* deinen Kindern nicht zuhörst, werden sie sich jemand anderen suchen. Jeder braucht jemanden, der ein offenes Ohr für ihn hat. …

Ein guter Zuhörer benutzt Augen und Ohren. Achte auf nonverbale Botschaften deines Kindes: den Gesichtsausdruck, die Augen, die Gestik, die Körperhaltung. Wenn Du dies nicht mit einbeziehst, kann dir eine Menge entgehen. Aber so kannst du schnell herausfinden, ob ein Kind niedergeschlagen oder ausgeglichen ist, sich ärgert oder gute Laune hat.

Worte sind Symbole dessen, was im Herzen vor sich geht. Gute Zuhörer achten über die Worte hinaus auf Gefühle, die dahinterstehen, und auf deren Ursache. Beim Zuhören gehen sie zwei Fragen nach: *‚Was empfindet mein Kind?‘* und *‚Warum empfindet es so?‘*

Schließlich sind gute Zuhörer aktive Zuhörer. Wiederhole mit eigenen Worten, was du verstanden hast. Damit zeigst du, daß du wirklich zugehört hast und dein Kind richtig verstehen willst. Du könntest zum Beispiel zwischendurch zusammenfassen: ‚Du meinst …‘, ‚Habe ich das so richtig verstanden?‘ oder ‚Du fühlst dich also …‘ So eine Rückmeldung hilft dem Kind, sich selbst zu verstehen und seine Gedanken zu ordnen. Vor allem zeigt sie, daß du dein Kind als Gesprächspartner ernst nimmst. …

Aber was ist, wenn Kinder nicht viel erzählen? Dann mußt *du* lernen, bessere Fragen zu stellen!

Schlechte Fragen können einfach mit ‚Ja‘ oder ‚Nein‘ beantwortet werden. Gute Fragen sind offen, geben also keine Antwort vor. Es ist klüger zu fragen: ‚Was hast du heute erlebt?‘, als: ‚Hattest du heute einen guten Tag?‘.

Die erste Frage fordert das Kind auf zu erzählen, was es beschäftigt hat und was ihm wichtig war, während die zweite mit einem kurzen ‚Hmm‘ oder ‚Nö‘ beantwortet werden kann. Fragen, die die Antwort offen lassen, fördern Kommunikation. In sich abgeschlossene Fragen lassen ein Gespräch gar nicht erst aufkommen, weil sie mit einem Wort beantwortet werden können.

Es kostet zunächst einmal etwas Mühe, sich Gedanken darüber zu machen, wie man bessere Fragen stellen kann. Aber es

SO-PAPA!
JCH GLAUBE, DU HAST MIR JETZT LANGE GENUG ZUGEHÖRT!
ERZÄHL DOCH AUCH MAL WAS!
VA

zahlt sich aus, weniger ‚abgeschlossene Fragen' zu stellen und mehr offene. Die Kommunikation wird dann nicht mehr so zäh sein.

Als Gedankenanstoß hier einige Gegenüberstellungen: Statt ‚Geht es dir gut?' lieber ‚Du siehst traurig aus. Erzähl mal, was los ist.'

Statt ‚Na, endlich alles erledigt?' lieber ‚Du hast lange über den Schularbeiten gesessen. Was hat dir so viel Mühe gemacht?'

Statt ‚War es schön bei deiner Freundin?' lieber ‚Was habt ihr miteinander gemacht?'

Und wenn du Fragen stellst, dann bitte nicht so, daß dein Kind meint, es würde verhört. Du willst doch nicht, daß es sich gleich wieder verschließt.

Du gewinnst das Vertrauen deines Kindes eher, wenn du es nach seiner Meinung zu bestimmten Dingen fragst. Jeder fühlt etwas, hat eine Meinung und kennt die von anderen. ‚Wie denkst du über das und das?' oder ‚Was ist deine Meinung zu ...'

Wenn das Gespräch schwerfällt, frage geschickterweise zunächst, was andere denken, bevor du persönlich wirst: ‚Sag mal, wie denken deine Freunde darüber?' Über andere zu sprechen fällt leichter, als gleich über sich zu reden.

Selbst wenn du etwas unmöglich findest und ganz anderer Meinung bist, solltest du nicht gleich mit deinem Urteil kommen, sondern lieber antworten: ‚Das ist ein interessanter Standpunkt. Hast du weiter darüber nachgedacht?'

Diese Art Gespräch hilft jedem Familienmitglied, den anderen besser kennenzulernen und sich zu öffnen. ...

Erzähle aus deinem Leben! Jüngere und ältere Kinder sind brennend daran interessiert, was ihre Eltern angestellt und gedacht haben, als sie in ihrem Alter waren.

‚Papa, erzähl mal von früher. Ja, als du noch zur Schule gegangen bist. Oder wie du Mama kennengelernt hast!'

Ich kenne das, besonders wenn wir im Urlaub gemütlich am Lagerfeuer hocken oder uns zu Hause auf dem Sofa zusammenkuscheln. Manche Begebenheiten muß ich zigmal erzählen. Und wehe, ich bringe aus Vergeßlichkeit eine andere Variante! Sofort wird protestiert: ‚Aber, Papa, das war doch ganz anders!'. Nun gut, dann muß ich grübeln und den Faden neu spinnen.

Fällt es dir schwer, frei aus deinem Leben zu erzählen? Dann nimm dir doch die Fotoalben oder Dias von früher vor und beschreibe, welche Erlebnisse sich hinter den Bildern verbergen.

Aus dem eigenen Leben zu erzählen ist wichtig! Denn es ist einfach eine ideale Möglichkeit, ganz zwanglos deinen Lebensstil weiterzugeben: von deinen Niederlagen, deinen Lernschritten und deinen Idealen zu reden. Aber ehrlich bleiben und nicht übertreiben oder etwas vertuschen!

Kinder, die ihre Eltern lieben und achten, bewahren ihre Erzählungen als Vorbild oder Warnung im Herzen. Sie werden deren Prinzipien auf ihren eigenen Lebensstil übertragen."[34]

Gefühle kontrollieren!

Allen Eltern werden einmal die „Nerven durchgehen", und sie werden losbrüllen. Solange es nur gelegentlich vorkommt und nicht zu einem festen Verhaltenmuster wird, ist das keine Katastrophe.

Allerdings erscheint es uns bedenklich, daß 70 Prozent der Teenager in einer Umfrage angeben, daß ihre Eltern sie anschreien. Auf die Frage: „Was ist deiner Meinung nach der größte Fehler deiner Eltern?" kam die Antwort: „Bevor sie zuhören und versuchen, mich zu verstehen, schreien sie schon los, und alles wird noch schlimmer."

Um eine natürliche, warmherzige Beziehung zu deinem Kind aufrechtzuerhalten und mit ihm im Gespräch zu bleiben, mußt du dich möglichst immer in der Gewalt haben und vor allem deine Wut beherrschen. Häufige gefühlsmäßige Überreaktionen schaden einer Beziehung in mehrfacher Hinsicht:

- Sie entfremden dir dein Kind und machen es ihm schwer, zu dir zu kommen, wenn es seine „Seelenbatterie" nachladen muß.
- Durch emotionale Überreaktionen verlierst du Respekt – eine sehr natürliche Reaktion auf jemanden, der keine Selbstbeherrschung zeigt.
- Wenn du häufig den Kopf verlierst, kann das dazu führen, daß dein Kind sich lieber anderen zuwendet, besonders dem Einfluß seiner Altersgenossen.

Es ist dem Einfluß der Tiefenpsychologie zuzuschreiben, insbesondere dem Psychoanalytiker Janov mit seiner „Urschrei-Theorie", daß viele meinen, es sei unumgänglich und heilsam, loszupoltern und seine Frustrationen herauszuschreien.

Wir haben noch nie gesehen, daß eine Ehe- oder Eltern-Kind-Beziehung durch Anschreien heil wurde. Im Gegenteil: Schreien ist unhöflich, verletzt und erniedrigt den anderen, signalisiert, daß man nicht zuhört, und zerstört eine Beziehung.

Natürlich ist es genauso falsch, alles in sich hineinzufressen. Du darfst anderer Meinung sein und deine Gefühle äußern, aber nicht unkontrolliert und unter Mißachtung der Würde des anderen.

Weil Jesus in dir lebt, traut dir die Bibel als Christ zu, Wut und Ärger zu kanalisieren: „Jetzt aber legt auch ihr das alles ab: Zorn, Wut, Bosheit, Lästerung, schändliches Reden aus eurem Mund. Zieht nun an als Auserwählte Gottes, als Heilige und Geliebte: herzliches Erbarmen, Güte, Demut, Milde, Langmut" (Kolosser 3,8+12).

Es ist möglich, zerstörerische Gefühlsäußerungen abzulegen und durch konstruktive zu ersetzen. Der größte Veränderungsfaktor ist deine persönliche Beziehung zu Jesus und der Friede, der dadurch in deine Persönlichkeit kommt. Außerdem können ein kluger Lebensstil und gute Vorsätze im Ernstfall deine Wut besänftigen.

Gefühle können kontrolliert werden. Sie sind das Ergebnis von Gedanken, und diese können bewußt gefaßt werden.

Stelle dir folgende Szene vor: Ein Vater brüllt seinen Sohn an. Das Telefon klingelt. Ein sehr wichtiger Geschäftspartner meldet sich. Was geschieht mit der Stimme des Vaters? Mit seiner Wut? Er hat sie sofort unter Kontrolle – weil er es will!

Das schaffst du auch, ohne daß das Telefon klingelt. Durchschaue das Muster des „Teufelskreises", der dich in Rage bringt.

- Zum Beispiel: Mein Sohn widerspricht mit frechen Worten oder einem bestimmten Gesichtsausdruck. Schon kommt in mir Wut hoch, und ich brülle los.
- Oder: Meine Tochter hat eine Aufgabe nicht erledigt. Ohne zu wissen, warum sie es nicht getan hat, rege ich mich maß-

los auf und poltere los, sobald sie mir unter die Augen kommt.
- Oder: Wenn ich müde und abgearbeitet bin, bin ich besonders gereizt. Kleinigkeiten regen mich auf, und ich schimpfe los.

Wenn du durchschaut hast, wann du unbeherrscht reagierst, versuche das Muster rechtzeitig zu durchbrechen:

- Wenn du merkst, daß du dich nicht mehr im Griff hast, verschiebe das Gespräch und bete. Sag: „Ich möchte dich verstehen, aber ich bin jetzt sehr frustriert. Laß uns nach dem Abendbrot weitersprechen."
- Solange du nicht genau weißt, was vorliegt, nimm das Beste an, und bevor du loslegst, gib deinem Kind Gelegenheit, sich zu äußern. Das kann zu einem festen Verhaltensmuster werden: „Ich möchte zuerst wissen, was du dazu zu sagen hast."
- Bleibe ruhig! Wenn es dir hilft, dann sag: „Du, das regt mich alles fürchterlich auf, aber ich will ruhig bleiben und hören, was du dir dabei gedacht hast."

Wir haben einige Szenen mit unseren älteren Teenagern vor Augen, bei denen wir wußten: Jetzt hängt unsere Beziehung an einem seidenen Faden. Um eine Explosion zu vermeiden, kommt es jetzt sehr darauf an, welche Worte wir wählen.

Die erste Devise ist: Ruhig bleiben, mit dem Ehepartner beraten, was zu sagen ist, und beten, um trotz allem Liebe zu zeigen. Danach ist Eberhard oft mit weichen Knien in das entsprechende Zimmer gegangen, hat sich auf die Sofakante gesetzt und zu einem steinernen Gesicht gesprochen: „Du, wir haben dich trotz allem, was vorgefallen ist, lieb und möchten dir helfen. Laß uns noch einmal darüber reden ..."

Wäre Eberhard aufgebracht und polternd in das Zimmer gestürmt und hätte dem Mädchen gehörig den Kopf gewaschen, hätte sie eventuell „dichtgemacht", ihre Sachen gepackt und wäre getürmt. So kritisch ist es manchmal. Und ohne daß Eltern ahnen, was sie anrichten, zerstören sie durch ihre Unbeherrschtheit die letzten Möglichkeiten zu einer Versöhnung und treiben ihr Kind aus dem Haus.

Hat es trotz aller guten Vorsätze nicht geklappt und deine Gefühle sind dir durchgegangen, dann entschuldige dich aufrichtig. Wenn eine Person verletzt wurde, leidet eine Beziehung so lange, bis heilende Worte ausgesprochen werden: „Kannst du mir meinen Anteil am Streit vergeben?“

Mit dieser Frage nimmst du nicht die ganze Schuld auf dich, sondern deinen Teil – denn zu einem Streit gehören immer zwei. Aber du ermöglichst ein offenes Gespräch über verletzte Gefühle, was zu aufrichtiger Versöhnung beitragen kann.

Ein „Konfliktlösungsmodell“

In der Hitze des Gefechts kannst du manchmal nicht so klar denken, wie du solltest. Deswegen brauchst du ein Muster, an das du dich halten kannst. Die folgenden Schritte helfen dir, deine Sinne zusammenzuhalten, so daß du auch mitten im Konflikt konstruktiv bleiben kannst:[35]

1. Höre zu und definiere das Problem.
   Deine Botschaft: „Ich will dir zuhören. Du meinst also …“
2. Suche nach einer Übereinstimmung.
   Deine Botschaft: „Hierin gebe ich dir recht …“
3. Verstehe Gefühle.
   Deine Botschaft: „Ich verstehe, daß du …“
4. Formuliere mit ruhigen Worten deine Sicht.
   Deine Botschaft: „Ich meine …“

Die Anwendung dieses „Konfliktlösungsmodells“ mag dir zunächst unnatürlich und mechanisch vorkommen, aber mit etwas Übung wirst du dich bald unbewußt daran halten.

Ohne diese „Brücke“ wird das Gespräch häufig in der falschen Reihenfolge laufen: Ohne richtig zuzuhören, beginnst du mit Punkt vier und formulierst gereizt, was du dazu meinst. Dann hältst du vielleicht inne und willst die Absichten und Gefühle deines Kindes wissen: „Warum hast du dich nur so dämlich angestellt …?“ Aber schon ist es zu spät. Es hat sich eingeigelt und schweigt, oder ihr folgt dem altvertrauten Muster und schreit euch gegenseitig an, ohne aufeinander zu hören.

Übrigens, wenn du lernst, dich an diese guten Prinzipien zu halten, gibst du deinem heranwachsenden Kind eine unbezahlbare Anleitung, wie man sich unter Kontrolle hält und mit anderen Menschen verständnisvoll umgeht. Sogar spätere Generationen werden davon profitieren.

Ausgeglichen leben

Selbstbeherrschung und ruhig zu reagieren, wenn man aus der Haut fahren könnte, ist auch für uns stets die größte Herausforderung geblieben. Mal gelingt es uns besser, mal schlechter. Wenn man müde oder erschöpft ist, fällt es schwerer, stimmt's? Unter Streß ist man schneller ungerecht und unbeherrscht, als wenn man einigermaßen ausgeglichen ist.

Jeder hat sein individuelles Maß an Energie. Übertreibt man es, folgen Erschöpfungszustände mit Reaktionen, die einem hinterher meistens leid tun. Die große Kunst ist, seine Energie einzuteilen und regelmäßig aufzufrischen. Das geht nicht ohne kluge Strategie!

Am häufigsten wird Claudia gefragt: „Du bist Mutter von dreizehn Kindern. Wie hast du es nur geschafft, diese Arbeit zu bewältigen und trotzdem fit zu bleiben?"

Rückblickend – nach gut zwanzig Erziehungsjahren – hat sie einmal die Punkte zusammengestellt, die ihr geholfen haben, gelassen und belastbar zu bleiben:

„Achte auf ein ausgeglichenes Leben nach Geist, Seele und Leib. Der Vers 23 in 1. Thessalonicher 5 hat mir gezeigt, worauf es ankommt: ‚... vollständig möge euer Geist und Seele und Leib untadelig bewahrt werden bei der Ankunft unseres Herrn Jesus Christus.'

Halte alle drei Bereiche fit: dein körperliches Wohlbefinden, deine seelische Ausgeglichenheit und dein geistliches Leben, deine Beziehung zu Gott. Viele leben zu einseitig, manche in ungesunden Extremen. Mich fasziniert die ausgewogene Sicht der Heiligen Schrift!

Körperlich fit bleiben

Ich will einmal mit dem Leib beginnen. Wir sind manchmal mehr auf ihn angewiesen, als uns lieb ist. Was Bewegung, Schlaf und Ernährung angeht, mußt du ausgewogen leben. Unter Christen wird wenig über körperliche Tüchtigkeit gesprochen. Ich vermute, dies ist eine Gegenreaktion auf die Vergötterung von Schönheit, Sport und Ernährung in unserer Gesellschaft.

Treibe mäßig, aber regelmäßig Ausdauersport. Radfahren, laufen, schwimmen, selbst ein flotter Tanzkurz bringt deinen Puls wieder genügend in Schwung. Sport entkrampft! Bewegung tut nicht nur dem Körper gut, sondern auch der Seele. Wenn du es mir nicht glaubst, probiere es einmal aus. Zunächst kostet es Überwindung. Was bin ich froh, daß ich mich aufgerafft habe, regelmäßig schwimmen zu gehen!

Zu einer dauerhaften Belastbarkeit gehört auch genügend Schlaf. Es gibt natürlich Situationen, in denen es einfach nicht klappt, zum Beispiel mit einem jungen Baby oder einem kranken Kind. Aber achte darauf, dein individuelles Schlafbedürfnis zu erfüllen, sooft es möglich ist. Ich kann es mir auf Dauer nicht erlauben, unausgeschlafen zu sein. Über kurz oder lang fängt die Familie an, unter mir zu leiden.

Zum Wohlfühlen gehört auch eine gesunde Ernährung. Als Christen sind wir für ‚Gottes Tempel', unseren Leib, verantwortlich. Wir Mütter müssen dafür sorgen, daß unsere Familie gesund ernährt wird!

Die Seele bei Laune halten

Unter ‚Seele' versteht die Bibel das Denken, die Gefühle und den Willen des Menschen. Manchmal gebraucht sie dafür das Wort ‚Herz', wie in Sprüche 4,23: ‚Mehr als alles andere behüte dein Herz, denn daraus quellen die Ströme des Lebens …'

An dieser Warnung ist etwas dran! Die Seele – dein Denken, Fühlen und Wollen – kann sehr schnell vernachlässigt und verletzt werden. Dann leidest du unter dir selbst, und andere haben erst recht nichts zu lachen.

Schütze deine Seele vor negativen Einflüssen, und suche

gleichzeitig nach Möglichkeiten, sie ständig aufzuerbauen. Wenn du beispielsweise ein ängstlicher Typ bist, warum schaust du dir immer wieder die nervenaufreibendsten Filme an? Erspare deiner Seele solche Attacken! Neigst du zum Grübeln oder zu Niedergeschlagenheit? Dann tu deiner Seele etwas Gutes, indem du Anbetungsmusik hörst oder einfach einmal allein durch die Stadt bummelst.

Ich gehöre zu denen, die bewußt auf ihr seelisches Wohlbefinden achten müssen. Vor vielen Jahren wurde ich einmal von starken Depressionen gebeutelt. Meine Seele war in einem tiefen Loch. Was ich getan habe? Gebetet, Loblieder gesungen und Psalmen auswendig vor mir hergesagt! In den vergangenen Jahren habe ich überhaupt keine Probleme mehr mit Depressionen gehabt. Das liegt hauptsächlich daran, daß ich meine Seele gut pflege und auf das achte, was ich an sie heranlasse.

Die größte Quelle der Kraft

Nun noch zum letzten Bereich: dem menschlichen Geist. Vielleicht ist dir dieser biblische Begriff noch nicht so vertraut. Durch deinen Geist kommunizierst du mit Gottes Geist und hältst die Beziehung zu Gott aufrecht. ‚Der Geist selbst zeugt mit unserem Geist, daß wir Kinder Gottes sind', liest du in Römer 8,16.

Hier liegt deine größte Kraftquelle: in der persönlichen Beziehung zu deinem himmlischen Vater und zu Jesus Christus.

Meine Devise ist, Jesus an meinem Alltag teilhaben zu lassen: Ob ich putze, bügle, koche oder mit dem Auto unterwegs bin, mir ist immer bewußt, daß Jesus bei mir ist, seine Kraft mir zur Verfügung steht und ich immer mit ihm reden kann. Und das tue ich auch!

Körperliche Fitneß und seelische Ausgeglichenheit sind sehr wichtig und dürfen nicht vernachlässigt werden. Aber in deiner geistlichen Beziehung zu Jesus Christus findest du die wahre Quelle der Kraft, die dich vorm Ausbrennen bewahrt und durch Krisensituationen hindurchträgt."

Eine Vision fürs Leben

Diese Überschrift klingt recht hochgestochen: Was ist eine „Lebensvision"?

Damit sind Werte und Ideale gemeint, für die es sich lohnt, zu arbeiten und seine Zeit zu investieren.

Auf der Suche nach dem Sinn des Lebens

Täusche dich nicht: Teenager befassen sich auf ihre Weise oft intensiver und radikaler mit existentiellen Fragen als manche Erwachsene, die sich mit ihrem Leben bereits abgefunden haben und deren Gedanken sich lediglich um ein bequemes Leben, Wohlstand und Karriere drehen.

Auf der Suche nach dem Sinn des Lebens setzen sich die meisten Jugendlichen früher oder später kritisch mit ihrer Umwelt auseinander – auch mit deinem Lebensstil!

Welche Werte und Ideale spiegelt dein Leben wider?

Wolfgang Brezinka schreibt, daß sich die Wertvorstellungen in Gesellschaft und Erziehung vor allem um drei Leitgedanken drehen: „... [den] *Rationalismus,* verstanden als einseitige Überschätzung der Vernunft; ... [den] *Individualismus,* verstanden als einseitige Überbetonung der Interessen des Einzelmenschen; und ... [den] *Hedonismus,* verstanden als einseitige Überbewertung von Lust, Vergnügen und Genuß als höchsten Gütern."[36]

Diese Ideale passen nicht zu einem christlichen Lebensstil. Inwieweit magst du von ihnen angesteckt sein?

Es gibt Teenager, die nur allzu bereitwillig auf einen „Egotrip" gehen und deren Denken sich sehr schnell um Geldverdienen und -ausgeben, Karriere und Selbstverwirklichung dreht. Andere stößt das ab, und sie werden auf der Suche nach Lebensidealen zu Aussteigern, die mit Karriere wenig im Sinn haben, aber trotzdem nicht auf ein bequemes Leben verzichten wollen – auf Kosten ihrer Eltern natürlich.

Du kannst dein Kind in das eine oder andere Extrem drängen, zum Beispiel, indem du es unter enormen Leistungsdruck stellst. Viele Eltern sorgen sich übertrieben um die Schulleistungen – als wenn das ganze Lebensglück von einem möglichst guten Schulabschluß abhinge.

Worum drehen sich eure Familiengespräche? Geht es hauptsächlich um Zensuren und Leistung, Berufsausbildung, Urlaub und Geldausgeben oder auch um Themen wie Genügsamkeit und Zufriedenheit, Leben mit Gott und Beziehungen zu anderen Menschen?

Unser Motto für eine „Lebensvision" haben wir in diesem Buch schon genannt: „Die Schulung eines aufrichtigen christlichen Charakters und ein erfülltes Leben im Dienst für Gott ist wichtiger als jegliche Karriere in unserer Gesellschaft ... Eine ausgeglichene, lebensbejahende Persönlichkeit ist mehr wert als ein gehobener Schulabschluß, der mit einer verkorksten Persönlichkeit bezahlt wird!" (vgl. S. 74).

Das Vorbild eines kreativen, begeisternden Lebensstils, der sich durch Liebe zu Gott und Abhängigkeit von ihm, Liebe und Fürsorge für andere Menschen und eine gesunde Selbstliebe auszeichnet, so wie du es in der Bibel lesen kannst, ist das Beste, was du deinen Kindern in dieser wertunsicheren Gesellschaft mitgeben kannst.

Auf die Frage eines Intellektuellen nach dem größten Gebot – das heißt, nach dem Sinn des Lebens – antwortet Jesus: „‚Du sollst den Herrn, deinen Gott, lieben mit deinem ganzen Herzen und mit deiner ganzen Seele und mit deinem ganzen Verstand'. Dies ist das größte und erste Gebot. Das zweite aber ist ihm gleich: ‚Du sollst deinen Nächsten lieben wie dich selbst'" (Matthäus 22,37-39).

Worauf kommt es an?

In diesen Bibelworten findest du den „Lehrplan" für die Teenagerjahre: Mit dem ersten Gebot – Gott zu lieben – ist eine persönliche Beziehung zu Jesus Christus und dem himmlischen Vater gemeint und damit die Gewißheit, bewahrt und geborgen zu sein.

In Römer 8,28 wird die Lebensphilosophie eines Christen beschrieben, der in einer Liebesbeziehung zu Gott steht: „Wir wissen aber, daß denen, die Gott lieben, alle Dinge zum Guten mitwirken ..."

Mit anderen Worten: Gott behält die Übersicht. Er macht keine Fehler. Wenn wir ihm unser Leben anvertraut haben und ihn lieben, werden alle angenehmen und unangenehmen Dinge in unserem Leben zum Guten mitwirken. In negativen oder unerklärlichen Lebenssituationen ist es besonders wertvoll, dies zu wissen und dadurch einen guten Ausgang erkennen zu können.

Dieses Prinzip gilt nicht nur für große Entscheidungen des Lebens, sondern auch für kleine. Wenn dein Teenager schon in seiner Kindheit an dir gesehen hat, daß Gottvertrauen funktioniert, wird er sich auch gern selbst dafür entscheiden.

Das zweite Gebot – den Nächsten zu lieben wie sich selbst – bedeutet, ein gesundes Selbstbewußtsein zu haben und den anderen zu sehen. Wer von Gott begeistert ist, will es anderen erzählen und seine Liebe weitergeben; er will evangelisieren und dienen.

Zu einer gesunden Persönlichkeit reifen

Auch wenn ein christlich aufgewachsener Teenager schon als Kind sein Leben Jesus anvertraut hat, ist es für seine gesunde Persönlichkeitsentwicklung notwendig, daß er seinen Glauben hinterfragt und sich neu dafür entscheidet. Wir würden sogar mißtrauisch reagieren, wenn dies nicht der Fall wäre.

Kannst du dich noch erinnern, wie sich eine Persönlichkeit entwickelt? In einer funktionierenden christlichen Familie bekommt ein Kind eine große Fülle an Unterweisung, Denkformen und Gewohnheiten. Und das ist gut so! Sie üben erheblichen Einfluß auf die Lebensgestaltung des jungen Menschen aus, legen aber sein Verhalten nicht fest. Sie sind „Werkzeuge des Denkens und Handelns", mit denen der Jugendliche einmal sein Leben eigenständig bauen soll.

In der Pubertät und Jugendzeit setzt sich ein Teenager mit diesen „Werkzeugen" – den von den Eltern erlernten Gewohnheiten und Denkweisen – auseinander und vergleicht sie mit den Erfahrungen seiner Umwelt – der Nachbarschaft, der Schulklasse, seiner Freunde und der Medien. Diese Auseinandersetzung bleibt niemandem erspart; sie ist sogar wünschenswert, denn ohne sie gibt es keine Reifung zu einer erwachsenen Person!

Eine eigene Persönlichkeit werden bedeutet also, übernommene Werte zu überprüfen, unreflektierte Gewohnheiten zu überdenken, für sich selbst anzunehmen und zu gestalten.

Das bleibt keinem Teenager erspart. Bei einem läuft es stürmischer ab als bei anderen. Manche durchlaufen einige Jahre lang eine kritische Phase, in der sie alle übernommenen Gewohnheiten und Werte, den Glauben eingeschlossen, über den Haufen werfen möchten, bis sie zu ihren eigenen Werten finden, die dann häufig denen der Eltern ähneln.

Eltern, die diesen Prozeß nicht akzeptieren wollen, machen sich das Leben schwerer als nötig. Besinne dich darauf, daß du keine „guten" und erst recht keine „christlichen" Jugendlichen produzieren kannst. Deine Aufgabe ist, ein anspornendes Vorbild zu sein und deinen Kindern die besten „Werkzeuge des Denkens und Handelns" zu geben. Alles andere liegt in Gottes Hand und der Entscheidungsfreiheit deines Kindes.

Es ist nicht einfach, das entspannt hinzunehmen – besonders wenn sich ein Kind eine Zeitlang ganz anders verhält, als dir lieb ist. Dann heißt es, behutsam dosierte Erziehungsmaßnahmen zu ergreifen, zu beten und darauf zu vertrauen, daß die „Saat, die du die Kindheit hindurch gesät hast", eine gute Frucht bringen wird.

Was den Glauben betrifft, hat sich eins unserer Mädchen mit etwa sechzehn Jahren ganz quergestellt. „Ich bin kein religiöser Typ", war ihr Lieblingsspruch. Dann „schwamm" sie einige Jahre mehr oder weniger unverbindlich mit. Und schließlich, jenseits der Zwanzig – wir haben unseren Augen nicht getraut – entwickelte sie auf einmal einen so hingebungsvollen und aktiven Lebensstil für Jesus, wie wir es nie für möglich gehalten hätten.

Jeder Jugendliche erlebt seine eigene, für Eltern manchmal atemberaubende Geschichte. Selbst wenn ein Teenager im wesentlichen mit den Werten seiner Eltern übereinstimmt, was bei einigen unserer Kinder offensichtlich der Fall ist, muß es doch einen Punkt in seinem Leben geben, an dem er sich bewußt entscheidet: „So wie meine Eltern und ihre christlichen Freunde will ich auch leben. Genau das ist es!" Sonst hätten wir Sorge, daß er einen wichtigen Schritt seiner Persönlichkeitsentwicklung verpaßt und ein Mitläufer wird, der als Erwachsener eventuell ein böses Erwachen erlebt und meint, einige Entwicklungsschritte noch nachholen zu müssen.

Nicht unter Druck setzen!

Wenn dein Kind sich neu orientiert, alles überdenkt und auch seinen Glauben hinterfragt, mußt du als Mutter oder Vater möglichst verständnisvoll und einsichtig reagieren. Mit Vorwürfen oder Panik verschlimmerst du die ganze Angelegenheit nur.

Viele Teenager fühlen sich gehemmt, ihren Glauben vor Klassenkameraden zu bekennen – einfach, weil sie nicht ausgeschlossen werden möchten. Deswegen haben sie sich noch lange nicht vom Glauben abgewandt.

Um die evangelistischen Draufgänger brauchst du dir keine großen Sorgen zu machen. Unsere Zwillinge waren solche Typen – zu zweit fühlt man sich ja auch stärker als allein. Sie nahmen niemals ein Blatt vor den Mund. Alle Klassenkameraden wußten, wie es um sie stand. Im Unterricht protestierten sie lautstark, wenn etwas nicht mit ihrem christlichen Weltbild übereinstimmte. Unerschütterlich standen sie für ihren Glauben ein und mußten dafür recht viel Spott und Nachteile einstecken.

Aber was machst du mit einem schüchternen, gehemmten Teenager, für den es das Schlimmste wäre, wenn seine Freunde herausbekämen, daß er zu den Frommen gehört und sonntags zum Gottesdienst geht?

Setze ihn nicht unter Druck!

Er braucht Verständnis und jemanden, mit dem er über seine Verlegenheit sprechen kann. Eberhard war früher so ein Typ. In den frühen Teenagerjahren hätte er vor Minderwertigkeitskomplexen sterben können, weil er das einzige Christenkind in seiner Klasse war.

Es kann wie eine Erlösung wirken, wenn du deinem Kind sagst: „Du, ich verstehe, wie schwer es dir fällt, deinen Glauben zu bekennen. Wenn andere ihre Witze darüber machen, möchte man sich am liebsten in einer Mauerritze verkriechen. Du kannst deinen Glauben aber auch anders ausdrücken als durch ‚Zeugnisgeben'. Nämlich, indem du das tust, was Jesus gesagt hat, für das Gute eintrittst, die Schwachen schützt und deinen Klassenkameraden dienst. Das kann wirkungsvoller sein als fromme Worte."

Erarbeite mit deinen Kindern auch, wie sie die Grundwahrheiten des Evangeliums weitergeben und kritische Fragen von Freunden beantworten können. Sie brauchen unbedingt Argumentationshilfen.

Dein Kind muß an dir sehen, wie du mit Nichtchristen umgehst, mit ihnen über den Glauben sprichst und Freunde gewinnst. Gib ruhig zu, daß auch du Herzklopfen hast, nicht auf jede Frage eine Antwort weißt und manchmal selbst Zweifel bekommst.

Herkömmliche Familienandachten mit allen jüngeren Geschwistern sind manchen Teenagern einfach peinlich. Sie können zur Qual werden, weil sie nicht mehr wie die Kleinen mitsingen und -beten wollen. Zwinge einen Teenager nicht, dabei zu sein, wenn er nicht will. Biete ihm ein Bibelleseheft für die persönliche „Stille Zeit" an, wie sie beispielsweise der Bibellesebund für alle Altersstufen herausgibt. Oder mache aus der Andacht gleich eine Gesprächs- und Fragerunde über die Grundwahrheiten des Glaubens. Erlaube deinen Kindern, alle ihre Fragen und Zweifel zu äußern. Du wirst schnell an deine Grenzen kommen und vieles nicht beantworten können. Dann gib es offen zu, und sucht zusammen in Bibellexika und Büchern. Eventuell mußt du einmal einen christlichen Bücherladen oder einige Kataloge durchstöbern.

Teenager müssen erfahren, daß die Bibel mehr als Gebote enthält. Sie ist ein Buch voller Prinzipien und Verheißungen, die helfen, reif zu werden und einen erfüllenden Lebensstil zu finden.

Man kann beinahe voraussagen, daß es eine Phase geben wird, in der ein Teenager Gemeindetraditionen und einen institutionalisierten Glauben ablehnt. Eltern geraten leicht in Panik, wenn das geschieht. Anstatt Traditionen und Gesetze zu verteidigen, ist es wesentlich wichtiger, das Leben Jesu hochzuhalten. Studiert vor allem das Leben Jesu miteinander! Wenn ein Teenager sich mit der radikalen Haltung Jesu – seiner Liebe zu Gott, seinem Vater, seinem Eintreten für Wahrheit und Gerechtigkeit, seiner Liebe und Hingabe an die Benachteiligten und Leidenden – identifizieren kann, ist viel gewonnen.

Und wenn mein Teenager am Sonntagmorgen herummault und nicht mit zum Gottesdienst kommen will? Jetzt brauchst du Weisheit, nicht wahr? Laß den gewohnten Gottesdienstbesuch nicht zum Zankapfel werden – damit ist keinem geholfen. Nicht mitkommen zu wollen ist oft ein Schrei nach Unabhängigkeit. Wenn Eltern sich nicht zu sehr getroffen zeigen, können sie den Protest wahrscheinlich schnell auffangen. Geht doch auf dem Heimweg vom Gottesdienst mit dem Rest der Familie essen ... Einen Sonntag später kann es schon wieder ganz anders aussehen.

Nicht immer kann das Problem so locker gelöst werden. Bemühe dich, sachlich und ohne versteckte Vorwürfe mit deinem Kind darüber zu sprechen. Du mußt die Beweggründe für seinen Widerwillen herausfinden. Dann kannst du besser reagieren.

Ist es einfach Unlust, weil es länger schlafen oder zu Hause herumspielen will? Will es nur einmal testen, wie du darauf reagierst? Fühlt es sich einsam, weil keine Gleichaltrigen dabei sind? Ist der Gottesdienst zu langweilig?

Du kannst deinem Kind Freiheiten innerhalb fester Grenzen gewähren:

- Du bestehst darauf, daß es mit zum Gottesdienst kommt, aber es kann wählen, wo es sitzen will.
- Du bestehst darauf, daß Kontakt zur Gemeinde gehalten wird, aber das Kind kann wählen, welche Veranstaltung es in der Woche besuchen möchte.
- Du bestehst darauf, eine Kirche zu besuchen, aber das Kind kann wählen, welche.

Es ist leichter, darauf zu beharren, daß das Kind den sonntäglichen Gottesdienst oder die Kinderstunde besucht, wenn

... UND SELBSTVERSTÄNDLICH GEHEN WIR ALS FAMILIE AM SONNTAGMORGEN ALLE ZUSAMMEN ZUM GOTTESDIENST...
KIA

der Ablauf einigermaßen interessant und kindgemäß gestaltet wird.

Da du schon Jahre zuvor damit rechnen kannst, daß dies auf dich zukommt, kannst du ja kluge Vorsorge treffen.

- Wähle, wenn du die Möglichkeit hast, beispielsweise bei einem Umzug, eine Gemeinde, der Kinder am Herzen liegen und die ein gutes Programm für sie gestaltet.
- Fördere die Kinderarbeit deiner Gemeinde ständig, und laß nicht locker. Ermutige und unterstütze die Mitarbeiter, gib Anregungen und suche nach Möglichkeiten für ihre Weiterbildung. Hast du schon einmal daran gedacht, ob du nicht selbst in die Kinderarbeit einsteigen solltest? Dann bist du nämlich mit am Hebel einer funkensprühenden Kinderarbeit.
- Du weißt, daß dein Vorbild für Freude und Unlust an einem Gottesdienstbesuch zählt. Gehst du selbst nach Lust und Laune einmal zum Gottesdienst und dann wieder nicht? Wundere dich nicht, wenn deine Kinder es dir nachmachen. Das gleiche gilt, wenn du selten gute Worte über das Gemeindeleben findest.

  In unserer großen Familie ist Gottesdienstbesuch für Kinder und Teenager in den vergangenen Jahren kaum ein Reibungspunkt gewesen. Das liegt zum großen Teil daran, daß wir am Sonntagmorgen diszipliniert und gern losziehen. Die Kinder kamen gar nicht auf die Idee, daß man am Sonntagmorgen etwas anderes machen könnte. Uns kommt natürlich zugute, daß wir ein Gemeindeleben haben, an dem man gern teilnimmt und das kindgerecht ist. Ein weiterer Grund liegt darin, daß unsere Teenager frühzeitig Verantwortung in der Kinderarbeit mittragen konnten. Döst eine Vierzehnjährige den ganzen Sonntagvormittag in der Kirchenbank vor sich hin, liegt der Gedanke nahe, daß man zu Hause weicher schlafen kann. Weiß so ein Kind aber: „Man sieht mich gern, ich werde in der Mitarbeit gebraucht, ohne mich würde meine Kindergruppe ‚zusammenbrechen'. Ich kann es mir gar nicht erlauben zu schwänzen", liegt natürlich eine ganz andere Motivation vor.
- Fördere christliche Freundschaften. Eine wichtige Gemeindeaufgabe ist, eine gute Teenagerarbeit anzubieten, in der

christliche Freundschaften geweckt werden und Zusammenhalt bewirkt wird, so daß ungute Einflüsse durch Gleichaltrige nicht mehr so verlockend erscheinen.

Im Glauben wachsen

Wie kannst du feststellen, wie gefestigt dein Kind im Glauben ist? Hier sind einige Punkte, die dir helfen, das geistliche Wachstum einzuordnen:

- Beobachte, wie das Kind auf andere eingeht.
- Welche engen Freunde hat es sich ausgesucht?
- Achte darauf, worüber es gern spricht.
- Schau auf seine Prioritäten.
- Wie reagiert es, wenn du geistliche Themen anschneidest?
- Wie reagiert es, wenn ihr miteinander betet?

Wenn du möchtest, daß dein Kind im Glauben wächst, mußt du ihm vorleben, daß Jesus Christus für dich die wichtigste Person ist, und es in deinem Lebensstil zeigen. Nichts hemmt das geistliche Wachstum eines Teenagers stärker als ein Glaubensbekenntnis ohne Praxis. Bringe andere lebendige Christen ins Haus. Erzählt einander, was ihr mit Jesus erlebt habt und was ihr alles mit ihm unternehmen wollt, so daß dem Kind beim Zuhören der Mund offenstehen bleibt und in ihm eine tiefe Sehnsucht geweckt wird, die gleichen Abenteuer mit Jesus zu erleben.

Um im Glauben zu wachsen, müssen Teenager auch aus der bewahrenden Kirchenatmosphäre heraus: Sie müssen lernen, mit Ungläubigen umzugehen, ihnen Zeugnis zu geben, und sie müssen mit dem Leid in dieser Welt konfrontiert werden, um anderen in ihrer Not beizustehen. Evangelisation und Diakonie gehören zum Programm einer durchschlagenden Teenagerarbeit. Dabei müssen sie ernst genommen und ihnen muß etwas zugetraut werden. Es ist erstaunlich, wie motivierte Teenager sich gegenseitig zum Guten anspornen können.

In den letzten Jahren sind Teenager in Gemeinden und überkonfessionellen Werken wesentlich stärker ins Blickfeld gerückt. Dazu haben Gedanken von Dale Kauffman, dem Gründer der „King's-Kids"-Arbeit, einem Arbeitszweig von „Jugend mit einer Mission", wesentlich beigetragen. Er hat neu das Verständnis dafür geweckt, daß Kinder und Teenager sehr wohl auf Gott hören und ihm dienen können, wenn man sie nur herausfordert. Dies ist das Merkmal dieser Bewegung: Kinder werden in Gruppen zusammengestellt, zum Teil mit ihren Eltern. In „Hand-Teams" gehen sie an Brennpunkte des Elends, um dort tatkräftig zu helfen, oder sie gehen als Musik- und Tanzgruppen auf die Straße und evangelisieren. Diese Einsätze werden nicht nur von Erwachsenen geleitet und gestaltet, sondern auch von den Kindern. Sie beten genauso um die Führung Gottes für die einzelnen Aktivitäten, achten auf sein Reden und gestalten die Einsätze mit. Es ist erstaunlich, wie verantwortungsvoll und umsichtig Teenager sich verhalten können, wenn man sie nur ernst nimmt. Inzwischen ist dieses Konzept von einer Reihe anderer Gemeinden und Gruppen übernommen worden, auch in der Familienarbeit „Neues Leben für Familien e. V.", in der wir als leitende Mitarbeiter tätig sind.

Eltern wünschen sich in der Regel einen „ausgeglichenen" Teenager – nicht zu weltlich, aber auch nicht zu fromm. Aber den gibt es kaum! Ausprobieren und in Extremen leben gehört zu den Teenagerjahren. Ausgeglichenheit ist ein Merkmal Erwachsener. Wenn wir wählen könnten: Uns ist es lieber, unser Teenager fährt mit einem überdimensionalen Kreuz um den Hals begeistert auf einen „Jesus-Trip" ab – selbst mit den „bedenklichen" Anzeichen überschäumender Äußerungen – als auf einen „Disco-", „Kult-" oder „Drogen-Trip" mit den bedrohlichen Begleiterscheinungen Alkohol, Sex und Kriminalität.

Teil III

Was gibt es jetzt noch zu erziehen?

Um es gleich zu sagen: Das Kapitel über Erziehungsmaßnahmen bei Teenagern wird kurz sein, weil du einfach nicht mehr viele Möglichkeiten in der Hand hast. Die vertrauten Maßnahmen, die bei jüngeren Kindern wirken, funktionieren jetzt nicht mehr. Trotzdem kannst du noch Einfluß ausüben und die Richtung weisen, ohne einen Machtkampf aufzunehmen.

Ein älterer Teenager ist in der Lage, Dinge zu durchdenken und durchzusprechen. Obwohl er unabhängig sein will, wird er sich doch anhören, was du meinst und warum du so denkst. Wenn ihr Freunde bleibt und du dich in gewinnender und ruhiger Weise mitteilen kannst, ohne diktatorisch zu wirken, wirst du ein offenes Ohr finden.

Worauf beruht deine Autorität?

Jetzt zeigt sich deutlich, ob deine Autorität auf Dominanz, Macht oder gegenseitiger Achtung beruht.

Die erste Form baut auf äußere Kontrolle und Furcht vor Strafe. Mit zunehmendem Alter des Kindes nehmen sowohl die Kontrollmöglichkeiten als auch die Angst vor Strafe ab. Studien über „autoritäre" Eltern fanden heraus, daß sie zwar kurzzeitig Anpassung erreichen, aber langfristig Rebellion. Solche Eltern beharren darauf: „Solange du zu Hause lebst, tust du, was wir sagen." Und die Teenager schweigen verbissen oder kontern lautstark: „Na wartet, wenn ich erst einmal achtzehn bin ..." Vom „Konzept der Bevollmächtigung" haben diese Eltern noch nie etwas gehört.

Die effektivste Form ist die „Beziehungsautorität"! Sie stärkt das Selbstwertgefühl und führt zu eigenverantwortlichem Leben. Das Kind gehorcht nicht mehr aus Furcht, sondern weil es seine Eltern achtet und liebt!

Und du möchtest doch, daß dein Kind sich aus Wertschätzung und Liebe einordnet, und nicht nur solange du die Macht in der Hand hältst, oder?

Der Schlüssel deiner Autorität darf nicht allein in größerer Macht und äußerer Kontrolle liegen. In der Teenager-Erziehung erleidest du damit unweigerlich Schiffbruch oder ziehst einen Duckmäuser heran. Deine Autorität sollte auf gegenseitiger Achtung und der „inneren Eigenkontrolle" deines Kindes beruhen.

Deswegen sind die vorangegangenen Kapitel von riesiger Bedeutung: Sie zeigen dir den Weg, wie du „Beziehungsautorität" aufbauen und erhalten kannst!

Mut, einen klaren Weg zu weisen!

Obwohl dein Teenager jetzt eigenständiger ist und du vielleicht Angst vor möglichen Machtkämpfen hast, bist du nach wie vor dafür verantwortlich, in entscheidenden Punkten einen klaren Weg zu weisen. Tu es fest und fair!

Was für dein Kind gefährlich ist, hängt stark von seiner Persönlichkeit und individuellen Verführbarkeit ab. In manchen Situationen mußt du regelrecht „Fingerspitzengefühl" dafür entwickeln, was du dulden kannst und was du verbieten mußt. Nur gut, daß du dafür beten kannst und Gott dich gern berät!

Eins unserer angenommenen Mädchen ist als junger Teenager regelrecht auf Jungen „geflogen". Wir haben dies als seelische Instabilität betrachtet und sie damals im Umgang mit Jungen recht kurzgehalten. Eine Klassenfete zu besuchen, bei der kein Lehrer anwesend war, hätten wir nicht erlaubt. Das hat natürlich einigen Protest hervorgerufen.

Ihre Schwester war ein ganz anderer Typ. Eines Tages kam sie: „Papa, ich möchte doch mal wissen, was meine Klassenkameradinnen auf den Feten so treiben, von denen sie immer schwärmen. Hast du was dagegen, wenn ich da mal reinschnuppere?" „Du, ich vertraue darauf, daß du weißt, wo die Grenzen sind. Schau dir das ruhig an!" war Eberhards Antwort.

Als sie wiederkam, sagte sie: „So etwas Ödes. Mit keinem kann man sich richtig unterhalten. Die hängen nur in den Ekken rum und schmusen. So etwas reizt mich überhaupt nicht."

In dieses Spannungsfeld wirst du immer wieder geraten: Wovor sollte ich mein Kind bewahren, und worin muß es eigene Erfahrungen sammeln?

Deine Reaktion hängt dabei stark von deinem Typ ab: Bist du eher ängstlich, siehst du überall Bedrohungen und Gefahren, oder bist du ein gelassener Mensch mit gesundem Gottvertrauen? Nur gut, wenn sich Ehepartner ergänzen! Manchmal möchte man sein Kind, das ja noch „so unerfahren" ist, am liebsten in eine heile Welt einsperren. Gleichzeitig weiß man, daß ein Mensch durch negative Erfahrungen oft schneller lernt, vernünftige Entscheidungen zu treffen. Also: Gib dein Kind frei, und laß es seine eigenen Erfahrungen sammeln, solange es nicht ernsthaft in Gefahr gerät.

Machtkämpfe vermeiden

Bei den Aktivitäten deines Teenagers wirst du häufig auf „Grauzonen" stoßen: Bereiche, in denen du keine direkten Gegenargumente hast, aber bei denen du dich einfach unwohl fühlst und dir Sorgen machst. Wir haben herausgefunden, daß es günstiger und für das Kind lehrreicher ist, keinen Machtkampf daraus zu machen, sondern ihm lediglich mitzuteilen, wie man darüber denkt, und ihm dann selbst die Entscheidung zu überlassen.

Einer unserer Teenager wollte sich mit Klassenkameraden einen Film im Kino ansehen. Wir fühlten uns dabei unwohl, weil in ihm zu viele mystische Szenen und New-Age-Gedanken enthalten waren. Eberhard erklärte unsere Einwände und Bedenken, sagte dann aber großzügig: „Wir meinen, daß du dir den Film nicht anschauen solltest. Aber du kannst selbst entscheiden, was du machen willst ..."

Er ging davon aus, daß das Mädchen nach dieser großartigen Information selbstverständlich zu Hause bleiben würde. Und was tat sie? Sie ging ins Kino. Da mußten wir erst einmal tüchtig schlucken. An Teenager-Erziehung muß man sich erst einmal gewöhnen!

Als wir diese Situation noch einmal durchdachten, merkten wir, daß wir uns genau richtig verhalten hatten. Der Film war nicht so schlimm, daß man ihn hätte strikt verbieten müssen. Wenn wir ihn verboten hätten, wäre sie vielleicht heimlich gegangen. So waren wir zumindest sicher, daß sie die Gefahren und Schwachpunkte des Filmes kannte und darauf achten würde, was Papa dazu gesagt hatte. Dadurch konnte sie den

Film kritischer betrachten und war den gefährlichen Szenen nicht passiv erlegen.

Auf ähnlich knifflige Situationen wirst du in den Teenagerjahren häufig stoßen. Du mußt entscheiden, wann du absolut hart bleiben willst und wann du bereit sein mußt, eigene Entscheidungen einzuräumen oder eventuell zu verhandeln.

Bei solchen Meinungsverschiedenheiten hast du zwei Möglichkeiten:

1. Du kannst etwas strikt verbieten, ohne dir weitere Argumente anzuhören.
2. Du kannst aber auch deine Bedenken und dein Mißfallen begründen, dir die Argumente des Kindes anhören und ihm dann Freiraum geben, selbst zu entscheiden, was es für richtig hält.

Die erste Möglichkeit kann eine Kraftprobe entfachen und Unaufrichtigkeit und Heimlichtuerei nach sich ziehen.

Eltern stehen ohnehin in der Gefahr, voreilige Urteile zu fällen und nicht richtig zuzuhören. Wir kennen das von uns: Wenn ein Teenager uns mit einer Frage überrascht, bei der wir ein ungutes Gefühl bekommen, ist die Versuchung groß, vorschnell mit Nein oder einem falschen Urteil zu reagieren. Am klügsten ist, zunächst keine Entscheidung zu treffen. Kaufe die Zeit aus! Claudia erwidert häufig: „Frag mich nachher noch einmal", und dann berät sie sich erst einmal mit Eberhard.

Mit dieser kleinen Verzögerung gibst du nämlich Raum für die zweite Möglichkeit: Du hast mehr Zeit, deine Bedenken zu begründen und aufmerksamer auf die Argumente deines Teenagers achten. Laß ihn die Vor- und Nachteile seiner Entscheidung aufzählen. Damit hilfst du ihm, sein eigenes Urteil zu entwickeln. Und dann gib ihm Entscheidungsfreiheit. So kannst du dein Kind besser anleiten, eigenverantwortliche und vernünftige Entscheidungen zu treffen.

Es wird Fehler machen und Enttäuschungen erleben. Verkneife dir dann unbedingt die hämische Bemerkung: „Ich hab' dir doch gleich gesagt ..." oder „Hättest du nur auf mich gehört ..." Damit gießt du nur Öl ins Feuer und disqualifizierst dich als Freund und Berater. Jetzt sind aufrichtige Anteilnahme und eine sachliche Auswertung angebracht, um solche Patzer künftig zu vermeiden, und du baust deinem Kind einen Weg, dich wieder um Rat zu fragen. Teenager verhalten sich nun einmal wie Teenager. Du kannst nicht erwarten, daß sie sich wie gestandene Erwachsene benehmen.

Eine bewährte Taktik

Mit folgender Taktik haben wir sehr gute Erfahrungen gemacht:

– Gib viel Entscheidungsfreiheit und Entfaltungsmöglichkeiten in den sogenannten „ungefährlichen“ Bereichen.
– Stecke aber rechtzeitig die Grenzen ab, wenn eine gesunde Persönlichkeitsentwicklung bedroht ist.

Mit anderen Worten: Unterscheide zwischen Haupt- und Nebenkampfplätzen! Wenn du bei Nebensächlichkeiten wie Kleidung, Frisur und unaufgeräumten Zimmern kämpfst, als ginge es ums Leben, hast du nicht mehr genügend Munition für ernste Kämpfe.

Mische dich bei Modefragen, Taschengeld, Hobbys und Freizeitgestaltung so wenig wie möglich ein. Sei großzügig, wenn es um Mitarbeit in der Kirchengemeinde geht, und schaue beim Besuch christlicher Veranstaltungen nicht so genau auf die Uhr. Du weißt ja, daß dein Kind in guten Händen ist. In diesen Bereichen sollte ein Teenager seine Freiheit so richtig auskosten und sich erwachsen fühlen können! Hüte dich vor zuviel besorgten Bemerkungen, Gängelei und Nörgelei. Das kann einen Teenager auf die Palme bringen! Gehe mit ihm um wie mit einem erwachsenen Freund. Dann werden nämlich gelegentliche Neins in wirklich bedenklichen Situationen eher akzeptiert.

Paul W. Swets[37] empfiehlt das „Sandwich-Nein". Es besteht aus drei Teilen, nämlich Brot – Belag – Brot:

- Bestätige, daß du wirklich verstanden hast, was dein Teenager meint,
- sprich dein Nein, und
- begründe deine Entscheidung.

Wenn dein Kind keine Ruhe gibt und immer wieder bohrt und bettelt, setze die „Die-Platte-hat-einen-Sprung-Technik" ein: Wiederhole deine Begründung immer wieder, aber ohne lauter zu werden.

Lege Verbote fest und erkläre sie, bevor dein Kind sich in etwas verstrickt. Zum Beispiel:

- Keine okkulte Musik in unserem Haus.
- Discobesuch, wenn überhaupt, erst ab einem bestimmten Alter.

Ist dein Kind erst einmal vom „Disco-Fieber“ oder von „Heavy-Metal“-Musik gepackt, ist es meistens zu spät für ein vernünftiges Gespräch. Natürlich sind Art und Ausmaß von Verboten vom Alter und der Persönlichkeit des Kindes abhängig. Ein Sechzehnjähriger wird mehr Freiheiten bekommen müssen als ein Zwölfjähriger.

Folgenden Zusammenhang dürfen Eltern nie übersehen: Ein Teenager kann sich auf alle möglichen Einschränkungen einstellen, solange seine Würde geachtet wird und er sich aufrichtig geliebt weiß. Teenager lehnen sich selten gegen nachvollziehbare Einschränkungen auf, aber meistens gegen unverständliche Verbote und Entscheidungen, an denen sie nicht beteiligt werden, und gegen willkürliche Autorität. Wenn du bereit bist, mit deinen Kindern über die Regeln zu diskutieren, ihre Einwände anzuhören und auch einzubeziehen, werden sie wahrscheinlich nicht rebellieren. Auch wenn sie deine Entscheidungen nicht immer gut finden werden, spüren sie doch, daß du dir Gedanken machst und fair bleiben willst.

Regeln in der Familie

Fragst du Teenager nach den Streitthemen zu Hause, zählen sie gewöhnlich folgende Dinge auf:

- Ordnung im Zimmer
- Fernsehbenutzung
- Musik hören
- Telefonieren
- Zensuren
- Kleidung
- Freundschaften
- Geldverwaltung
- Mitarbeit in der Familie
- Ausgehzeiten
- Schlafengehen

Jede Familie muß miteinander sprechen und eine Lösung finden, wie sie mit diesen Punkten umgehen will, sonst wird es ständig etwas zu nörgeln und zu meckern geben.

Beharre nicht auf Regeln, die vor Jahren getroffen worden sind. Dein Kind ist älter geworden, du kannst ihm mehr zutrauen, und es braucht weniger Kontrolle.

Es wäre schade, wenn ihr euch wegen Nebensächlichkeiten ständig in die Haare geraten und damit das Familienklima vergiften würdet. Hüte dich davor, auf eingefahrenen Gleisen weiterzumachen, und vor Prinzipienreiterei. Das ist das letzte, was Teenager vertragen. Schule dich in Humor und Großzügigkeit!

Zu einigen der eben genannten Punkte haben wir bereits in vorigen Kapiteln Stellung genommen, besonders im Abschnitt „Die Eigenständigkeit schulen".

Hier noch einige Gedanken zu den anderen Streitthemen:

Musik: Wenn man nicht aufpaßt, kann ein Teenager den Großteil seiner Freizeit mit Musikhören und Fernsehen verbringen. Wie in einer Werbezeitschrift zu lesen war, hört der Durchschnittsteenager fast drei Stunden Musik pro Tag: oft nur nebenbei während anderer Beschäftigungen. Da der durchschnittliche Fernsehkonsum dieser Altersgruppe ebenfalls bei fast drei Stunden liegt, gibt es tatsächlich viele Jugendliche, die sich täglich rund sechs Stunden von Tönen und Bildern berieseln lassen.

Gerade das pubertierende Kind ist auf Grund seiner hormonbedingten Trägheitsphasen versucht, sich auszustrecken und zu konsumieren. Wir sind uns wahrscheinlich einig, daß unkontrollierter Medienkonsum für ein Kind in dieser wichtigen Entwicklungsphase nicht gut ist und daher gesteuert werden muß.

Auf die offensichtlichen inhaltlichen Gefahren wollen wir in diesem Buch nicht eingehen. Dazu hat Eberhard bereits in „Kinder in der Zerreißprobe“[38] Stellung genommen, und es gibt genügend andere Bücher darüber.

Aber über welche Regelungen kannst du mit deinem Teenager verhandeln?

Bei Rockmusik, die Okkultismus, Satansanbetung, sexuelle Erregung und Gewalt verherrlicht, würden wir ganz hart bleiben.

Wir würden diese Musik in unserem Haus verbieten und es geistlich begründen: „Diese Musik wendet sich gegen Gott und seine Ordnungen. Genauso wie Gottes Geist eine Atmosphäre des Friedens verbreitet und Einfluß ausübt, ist auch diese Musik nicht wertfrei, sondern übt einen persönlichkeitszerstörenden Einfluß aus. In unserem Haus soll Gottes Geist regieren.“

Natürlich wäre es das beste, du müßtest nicht mit harten Verboten kommen, sondern dein Kind würde von vornherein die Finger von dieser Art Musik lassen. Das ist auch möglich, wenn du gut informiert bist und es verstehst, mit deinem Teenie sachlich darüber zu argumentieren. Wenn ein Kind über die zerstörerischen Zusammenhänge Bescheid weiß, fällt es ihm leichter, darauf zu verzichten, als wenn es nur hört: „In unserem Haus gibt es dieses Teufelszeug nicht!“

Auch wenn es schwerfällt, übersetze mit ihm die Texte seiner Stars und frage ihn: „Sag, findest du das gut? Willst du so leben?“ Der Einwand „Mich interessiert nur die Musik!“ zählt

LABER
GEHT
yesterday all my troubles
Pi-PA-Po

nicht, denn der Text wird genauso im Unterbewußtsein gespeichert wie die Melodie.

Auch wenn du einen ganz anderen Geschmack hast, für einen rockbegeisterten Teenager ist die christliche Rockszene eine „saubere" Alternative. In allen christlichen Buchverlagen findest du gute Angebote.

Trefft ein Lautstärkeabkommen. Es ist rücksichtslos, wenn Eltern und Geschwister durch die Wände mithören müssen. Ein guter Kopfhörer kann eine Lösung sein, obwohl bei intensivem, lauten Hören Gehörschäden wahrscheinlich sind.

Fernsehen: Verhandelt über Fernsehregeln, natürlich unter Berücksichtigung eurer bisherigen Gepflogenheiten. Ist der Kasten ohnehin den ganzen Tag an und du ziehst dir jede Sendung unkontrolliert rein, wird es nicht viel zu verhandeln geben. Für Teenager ist es schwer einzusehen, daß sie nicht so häufig und genau das sehen dürfen, was Erwachsene sich anschauen. Drückst du den Sendeknopf, wird sich dein Teenager unweigerlich neben dich hocken. Jetzt zu sagen: „Du, äh, das ist noch nichts für dich ..." wird bei dem Jugendlichen berechtigte Verwunderung hervorrufen: „Hmm, was will sich Papa nur angucken, das noch nichts für mich sein soll?"

Du siehst, Fernsehregeln sind zunächst einmal von deinem Vorbild abhängig.

In manchen Familien muß mehr darüber gesprochen werden, in anderen weniger. Manche Teenager sind so beschäftigt, daß sie nur hin und wieder an eine Fernsehsendung denken. Andere würden ständig vor der Glotze hocken, wenn sie nur könnten ... Und gerade für diese brauchst du Regeln. Ein eigener Fernseher im Zimmer, wie es weit verbreitet ist, und selbst eine ungesteuerte Benutzung des Wohnzimmergerätes wäre für solch ein Kind entwicklungsschädigend. Wie bei den jüngeren Geschwistern würden wir einen jungen Teenager einige Sendungen in der Programmzeitschrift ankreuzen und uns vorlegen lassen. Und dabei bleibt's!

Telefon: Die Telefongebühren können in unerschwingliche Höhen steigen, wenn ihr dafür keine Absprache findet. Viele Teenager haben kein Empfinden für Zeit und Kosten, wenn sie erst mal den Hörer in der Hand halten. Je nach Notwendigkeit kann man vernünftige Abmachungen treffen. Bei uns müssen

Ferngespräche auf jeden Fall angemeldet werden, und dann entscheiden wir, ob es nicht doch ein Brief tut. Solange nur die Ortsgespräche länger dauern, geht es ja noch nicht so ins Geld. Längere Ortsgespräche mit Freunden dürfen erst ab 19.30 Uhr geführt werden, dann ist Eberhard nämlich mit seinen beruflichen Telefonaten durch. Diese Freigabe wird von unseren Großen so intensiv genutzt, daß er abends kaum noch von Anrufen behelligt werden kann. Das ist ein echter Vorteil.

Ausgehzeiten: Hier kann es zu harten Verhandlungen kommen. Bei Veranstaltungen und Aktivitäten, von denen wir wissen, daß sie unseren Jugendlichen guttun und sie geistlich fördern, sind wir großzügig.

Samstagabends nach der Jugendstunde mit guten Freunden zum Beispiel noch ein Eis essen zu gehen ist für einen Teenager ein erhebendes Gefühl; er kommt sich garantiert fünf Jahre älter vor. Wenn du sichergehen kannst, daß jemand ihn hinterher mit dem Auto zu Hause abliefert, kannst du doch einigermaßen beruhigt sein. Jetzt stur auf „halb zehn und keine Minute später!“ zu pochen, wäre kurzsichtig. Das tu lieber, wenn dein Kind auf eine Party eingeladen wird, bei der du dir nicht sicher bist, was sich abspielt. In diesem Fall würde Eberhard sogar „großzügig“ anbieten, es abzuholen, um gleichzeitig zu schauen, was dort so läuft.

Mitarbeit: Teenager zu Mitarbeit in der Familie zu bewegen kann harte Motivationsarbeit bedeuten. Die einen sind zu träge und die anderen zu sehr mit anderen Dingen beschäftigt. Auch hier ist ausschlaggebend, wie die Hilfe der Kinder bisher gesehen wurde. Wurde in den vergangenen Jahren kein großer Wert darauf gelegt, werden die Eltern das Ruder jetzt nicht einfach herumwerfen können.

In unserem Haus und auf unserem Grundstück gibt es sehr viel zu tun. Das in Ordnung zu halten ginge gar nicht ohne Mithilfe der Kinder. „Würden wir in einem Mietshaus in einer Etagenwohnung leben, bräuchten wir alle nicht so viel arbeiten. Würdet ihr denn auf den Garten und eure Freiheit verzichten wollen?“ fragt Claudia manchmal, wenn jemand ein langes Gesicht zieht.

Klare Absprachen und feste gemeinsame Arbeitszeiten bewähren sich bei vielbeschäftigten Teenagern am besten.

„Trotz allem, achte darauf, daß du dein Kind nicht überforderst. Den richtigen Maßstab zu finden ist nicht so einfach. Hat ein Mädchen zum Beispiel jeden Tag Küchendienst zu machen und ständig zu putzen und aufzuräumen, wird es nach unserem Ermessen zu stark beansprucht. Je nach Typ wird es entweder aufbegehren, die Aufgaben unwillig und schlampig durchführen oder immer langsamer werden und sich verdrücken. Wir haben Familien beobachtet, in denen sich die Kinder so viel wie möglich außer Haus bewegen, denn jedesmal, wenn Mutter oder Vater eins erspäht, heißt es: ‚Ach, komm doch mal. Kannst du nicht mal schnell dies erledigen ...‘ Oder: ‚Paß mal auf deine kleine Schwester auf!‘ ‚Kauf mal schnell das ein!‘ Eltern, besonders wenn sie so richtige ‚Schaffertypen‘ sind, merken noch nicht einmal, daß sie damit ihre Kinder überfordern und sie sich entfremden ...

Wir haben eine große Familie und ein großes Grundstück zu verwalten. Die Arbeit hört nie auf. Auf keinen Fall möchten wir in diese ‚Erwartungsfalle‘ geraten, womöglich in dem Ausmaß, daß sich unsere Kinder verdrücken, wenn Papa oder Mama nahen, weil es dann nach Arbeit ‚riecht‘. So haben wir in unserer Familienrunde klare Abmachungen getroffen. Zu den regelmäßigen Hausarbeiten kommt noch ein wöchentlicher Arbeitsnachmittag von gut zwei Stunden, an dem der Hof gefegt oder Laub geharkt wird, dem Unkraut zuleibe gegangen, ein gründlicher Hausputz gemacht wird oder was sonst der Familienalltag erfordert. Nun gut, darüber hinaus gibt es immer noch einige kleine, spontane Aufgaben – aber damit hat es sich. Der Rahmen der elterlichen Erwartungen ist klar abgesteckt. Die Kinder wissen, was sie zu tun haben.“[39]

Und wenn Absprachen nicht eingehalten werden?

Alle Heranwachsenden setzen sich gelegentlich über Absprachen hinweg. Wie sollten Eltern dann reagieren?

Auch ältere Kinder brauchen noch Konsequenz und Disziplin! In der Bewährungsphase mit Identitätskrisen und Gruppendruck brauchen sie feste Grenzen und Sicherheit, aber man kann mit ihnen vernünftiger reden als mit jüngeren Kindern. Und wenn Eltern beherrscht und höflich bleiben, reagiert ein Teenager garantiert einsichtiger als bei Geschrei.

- Explodiere nicht! Wie wir schon betont haben: Gib deinem Kind zuerst die Möglichkeit, sich zu äußern, wenn eine Absprache nicht eingehalten wurde. Gehe so lange von seinem guten Willen aus, bis das Gegenteil bewiesen ist. Das schont die Nerven!
- Strafe ist nicht die einzige Antwort! Hat sich dein Teenager einen Patzer erlaubt – vielleicht sein Geld mit einer blöden Anschaffung zu schnell ausgegeben oder einen Termin durch Bummelei verpaßt –, kann es das beste sein, sich herauszuhalten und ihn die „natürlichen Folgen" selbst ausbaden zu lassen. Gerade wenn du beobachtest, daß es ihm peinlich ist, ist es günstiger, zu schweigen und darauf zu hoffen, daß das Kind aus dieser Situation gelernt hat.
- Eine andere Möglichkeit ist, einfach zu sagen: „Ich bin enttäuscht und möchte nicht, daß das noch einmal passiert!" Nehmen wir an, dein Kind hat sich nicht an seine Arbeitszeit gehalten oder es ist, ohne Bescheid zu sagen, nach der Schule durch die Stadt gebummelt, und du hast dir Riesensorgen gemacht. Für einen Teenager, der eine gute Beziehung zu seinen Eltern hat und sie nicht enttäuschen möchte, reicht so ein „Rüffel" aus, um solche Fehler künftig zu vermeiden.

Einen Heranwachsenden, der ohnehin mit seinen Eltern auf Kriegsfuß steht, bekümmert solch eine Bemerkung allerdings kaum.

– Als Drittes könntest du deinen Teenager fragen, welche Konsequenz er selbst für richtig hält. Sieht das Kind seinen Fehler ein, wird es sich meistens härter bestrafen wollen, als die Eltern es tun würden.

Wenn du siehst, daß das Fehlverhalten kein Ausrutscher ist, sondern bereits zu einer schlechten Gewohnheit oder sogar gefährlich für die Zukunft des Heranwachsenden wird, mußt du handeln!

Erkläre deinem Kind, worüber du dir Sorgen machst und warum du dieses Verhalten nicht dulden kannst. Handelt ein Abkommen aus. Schließt einen „Vertrag“ ab – zum Schlafengehen, über Ausgehzeiten, zu Freundschaften etc. –, und legt entsprechende Konsequenzen fest, wenn er nicht eingehalten wird.

Aber welche Konsequenzen?

Das einzige, was dir noch bleibt, ist die Einschränkung von Freiheit und Privilegien. Das betrifft seine Freizeitbeschäftigung, die Ausgehzeiten, sein Taschengeld und die Mitarbeit in der Familie. Beschreibe noch einmal die Grundregeln: „Wir möchten dir helfen, deinen Weg in die Unabhängigkeit erfolgreich zu gehen. Es wird keine Schläge mehr geben, auch keine Drohungen und, soweit wir uns beherrschen können, kein Geschrei. Wenn Disziplinierung sein muß, wird sie deine Freiheit und deine Privilegien betreffen. Wir werden uns bemühen, das fair und standhaft durchzuführen. Du wirst immer Gelegenheit bekommen, dich dazu zu äußern, und wir werden dir zuhören.“

Das wird allerdings nur wirken, wenn eure Beziehung gut ist. Bei einem verletzten, rebellierenden Teenager rufen diese Maßnahmen nur noch größere Verachtung hervor. Daran siehst du noch einmal, wie umsichtig in dieser Altersgruppe vorgegangen werden muß und wie sehr sich Familienatmosphäre und das Bemühen um gute Beziehungen auszahlen.

Schläge sind unserer Meinung nach kein angemessenes Erziehungsmittel in den Teenagerjahren – auch nicht in ganz schwierigen Situationen. Für ein pubertierendes Kind sind sie zu erniedrigend. Du hast es mit einem angehenden jungen Erwachsenen zu tun!

Der „schwierige" Teenager

Zu Beginn dieses Buches haben wir auf großangelegte empirische Untersuchungen hingewiesen, die aussagen, daß die Teenagerjahre viel ruhiger und stabiler verlaufen, als bisher angenommen wurde. Manche Teenager erleben während der Pubertät zwar eine turbulente Phase mit Auflehnung und waghalsigen Experimenten, lernen jedoch zunehmend die neuen Lebensaufgaben zu bewältigen – insbesondere, wenn Eltern sich besonnen und klug verhalten.

20 Prozent aller Teenager bereiten sich und ihrer Umwelt allerdings große Probleme.

Was ist ein „schwieriger" Teenager?

Es ist ein Heranwachsender, der sich mit Minderwertigkeitskomplexen einigelt, mit Selbstmordgedanken spielt und depressiv ist. Andere schlagen wild um sich, werden kriminell, greifen zu Alkohol und Drogen. Und wieder andere flüchten in die verschiedenen Formen von Mager- beziehungsweise Freßsucht.

Zeigt dein Kind eine oder mehrere dieser Verhaltensweisen, stehen dir wahrscheinlich schwere Zeiten bevor. Bewahre einen kühlen Kopf und analysiere die Situation. Bemühe dich, herauszufinden:

- wogegen dein Teenager rebelliert,
- in welchem Ausmaß du dazu beigetragen hast, und
- welche anderen Einflüsse vorliegen.

Es ist wahrscheinlich nicht ratsam, diese Aufgabe ohne Hilfe zu bewältigen. Scheue dich deshalb nicht, fachliche Beratung zu suchen, besonders wenn es sich um Drogenprobleme oder Magersucht handelt. Gute Kinder- oder Hausärzte haben Adressen erfahrener Fachleute, die euch konkret helfen können. Oft stellen sie für ihre Patienten auch den ersten Kontakt her. Auf jeden Fall brauchst du verständnisvolle Freunde mit gesundem Menschenverstand, die dir bei der Beurteilung der Situation helfen und mit dir beten.

Einen seelisch verletzten oder rebellierenden Teenager hart zu disziplinieren, klappt einfach nicht. Geschrei oder gar Schläge machen alles nur schlimmer. Selbst unsere Ratschläge im vorigen Kapitel werden kaum Wirkung zeigen, weil das Fundament von Wertschätzung und Achtung fehlt. Du wirst dir wahrscheinlich absolut hilflos vorkommen, weil du nichts in den Händen hast und eure Beziehung am seidenen Faden hängt.

Strafe löst das Problem nicht! Warum? Weil du damit nur die Symptome angreifst und nicht an die Ursache des falschen Verhaltens herankommst.

Wogegen rebelliert der Teenager?

Manchmal ist Rebellion nicht gegen die Eltern persönlich gerichtet, sondern gegen bestimmte Regeln und Werte. Wenn Eltern einem Heranwachsenden ihren eigenen Lebensstil aufzwingen oder zu streng sind, lehnt er sich dagegen zu Recht auf. Bleiben beide Seiten uneinsichtig, entsteht ein „Teufelskreis“: Die Eltern bestehen auf Gehorsam ohne Widerspruch; das Kind lehnt sich dagegen auf. Die Eltern spüren die Unwilligkeit und reagieren noch strenger. In seiner Hilflosigkeit spielt das Kind erst recht verrückt …

Das ist der Elterntyp, der seine Autorität auf Macht und Dominanz aufbaut. Zu viele christliche Eltern, die es eigentlich gut mit ihren Kindern meinen und sie liebhaben, bauen auf dieses falsche Verständnis von Autorität und erleiden damit spätestens in den Teenagerjahren Schiffbruch. Warum distanzieren sich sonst so viele Jugendliche von ihren christlichen Elternhäusern und wollen mit dieser Art „Glauben“ nichts mehr zu tun haben?

In anderen Familien sind die Eltern eher unzuverlässig und unbeständig. Es gibt praktisch kaum Regeln, die Eltern sind selten da und die Kinder sich selbst überlassen. Was dann als Rebellion bezeichnet wird, ist eigentlich ein „Austesten der Grenzen“: Was ist erlaubt? Wie weit kann ich gehen? Wann werden mich meine Eltern stoppen und sich um mich kümmern?

Wenn Eltern aufrichtig zugeben, daß sie Fehler gemacht haben, können sie diesen „Teufelskreis" durchbrechen. Das Kind kann so verblüfft sein, nicht als allein Schuldiger dazustehen, daß es bereit ist, wieder mit seinen Eltern zu sprechen und über Familienregeln zu verhandeln.

Dies muß sehr behutsam geschehen. Schließlich wollen zwei „verletzte Krieger" Frieden schließen. Du mußt seine im Kampf erworbene Freiheit und den entsprechenden Lebensstil zunächst einmal stehenlassen und deinem Heranwachsenden als ebenbürtigem Gesprächspartner begegnen. Fängst du sofort an, um Haarstil, Kleidung und Freizeitgestaltung zu kämpfen, wird sich der alte schmerzliche Zustand schnell wieder einstellen.

Es geht doch eigentlich hierum: gegenseitige Wertschätzung wiederherzustellen, wachsende Eigenständigkeit zu gewähren und in den verbleibenden Jahren des Zusammenlebens Freunde zu bleiben.

In solch einer kritischen Situation wirst du einige Kapitel dieses Buches zunächst einmal „vergessen" können, zum Beispiel „Die Eigenständigkeit schulen" oder „Regeln in der Familie", und dich um so stärker an die Ratschläge anderer Kapitel halten, zum Beispiel „Beraten und begleiten", „Das Selbstwertgefühl stärken" und „Kommunikation erhalten".

Es gibt aber noch andere Gründe für auffälliges Teenagerverhalten. Dagegen sind zu strenge oder unbeständige Eltern harmlos, denn obwohl sie Fehler machen, lieben sie meistens ihre Kinder. Wir nennen es „wildes Verhalten": Ein Teenager läßt sich gehen oder schlägt um sich, um seine inneren Schmerzen zu betäuben und sich gewaltsam aus der Kontrolle der Eltern loszureißen. Deshalb greift er zu Alkohol, Drogen, wird magersüchtig oder ähnliches. Das oberflächlich als Rebellion zu bezeichnen geht am eigentlichen Problem vorbei.

Obwohl diese Reaktionen sehr verschieden sind, gibt es doch einige Gemeinsamkeiten. Wir werden einmal versuchen, sie am Beispiel Magersucht zu beschreiben und verständlich zu machen. Experten und ehemalige Betroffene haben über jedes einzelne Thema ganze Bücher geschrieben. Hier geht es nur darum, den Nährboden der Sucht deutlich zu machen, zu erklären, weshalb sie so schwer zu erschüttern ist und warum die Familie am wenigsten zu einer „Normalisierung" beitragen kann. Wenn du gern mehr darüber wissen möchtest, empfehlen wir „Befreiung aus dem Hungerturm" (Blaukreuz-Verlag) von Dorette Constam.[40]

Im „Hungerturm"

Zunächst etwas Statistik über Magersucht: 90 Prozent der Betroffenen sind Mädchen. Durchschnittliches Alter zwischen zwölf und achtzehn Jahren, bei Eß-Brech-Süchtigen zwischen zweiundzwanzig und dreißig Jahren. Die Todesrate bei Anorexie liegt bei 10 Prozent, bei Eß-Brech-Sucht sind nur vereinzelte Fälle bekannt.[41]

Woran erkennt man Magersucht? Symptome:

- Die Einstellung zu Essen, Nahrung, Körpergewicht ist deutlich gestört und durch Hunger, Ermahnungen, Beruhigung oder Drohung nicht beeinflußbar.
- Appetitlosigkeit mit begleitendem Gewichtsverlust, jedoch ohne körperliche oder krankhafte Ursache.
- Freude am Gewichtsverlust. Nahrungsverbot wird als Belohnung betrachtet.
- Leugnen der Erkrankung; Unfähigkeit, Nahrungsbedürfnisse zu erkennen.
- Das erstrebte Körperbild ist im Bereich extremen Untergewichts.
- Mahlzeiten werden häufig vermieden; „ich habe keine Zeit", „muß weg", „habe schon gegessen", „mir ist schlecht", „wenn ich esse, bekomme ich Bauchschmerzen", etc.
- Während oder nach dem Essen geht das Mädchen – sofern es überhaupt mitißt oder dazu gezwungen wird –unter irgendeinem Vorwand sofort ins Bad, um zu erbrechen (das dauert natürlich etwas länger). Es gerät in Panik, wenn das nicht möglich ist.
- Hinterher hat es gerötete Augen, manchmal auch eine laufende, gerötete Nase.

- Manchmal werden Überdosen von Abführmitteln (auch „natürliche") genommen.
- Die Heranwachsende steht unter dem Bewegungszwang, unfreiwillig aufgenommene Kalorien wieder „abzulaufen".
- Zeitweise Überaktivität.
- Episoden von Bulimie (Heißhunger mit Freßanfällen, Schlingphasen und anschließendem Erbrechen).

Klassische Familienstrukturen

Folgende Punkte kennzeichnen das „typische Familienmuster" bei Suchtverhalten:

- Isolation
- Konfliktunfähigkeit
- Kontrolle (Neinsagen verboten)
- Überbewertung von Essen
- Abwesenheit des Vaters
- Starke Bindung an die Mutter

Isolation

Oft trifft es die Familien wie aus heiterem Himmel. Nach außen scheint alles in Ordnung zu sein. Aber der Schein trügt. Innen ist nichts in Ordnung. Für den Teenager, der das schmerzlich empfindet, ist dies eine unerträgliche Situation. Während das Image der Familie intakt bleibt und gepflegt wird – so kann man sich auch isolieren –, wird es für das Kind zunehmend schwerer, jemanden zu finden, dem es sich mitteilen kann, der es versteht und ihm vor allem glaubt. Vielleicht bekommt es sogar zu hören: „Du hast doch so nette, hilfsbereite ... Eltern, du bist eigentlich zu beneiden." Viele zweifeln langsam an ihrer eigenen Wahrnehmung und verstehen selbst nicht mehr, warum sie sich so leer fühlen.

Allerdings stimmt es an diesem Punkt auch bei den Eltern oft nicht ganz. Während sie die Probleme und inneren Nöte Außenstehender häufig gut erkennen und verstehen können, sind sie innerhalb der eigenen vier Wände völlig blind. Diese Art von Isolation ist oft schwer zu durchschauen, weil es scheinbar keine Konflikte und keinen Grund gibt, andere zu meiden.

Konfliktunfähigkeit

Viele Experten sagen, daß in den klassischen Magersucht-Familien nicht gestritten wird. Allerdings kennen wir genügend Familien, in denen man sich bis aufs Blut bekämpft hat. Aber eines haben sie gemeinsam – sie sind nicht konfliktfähig. Konflikte werden entweder unter den Tisch gefegt – „Wer sich liebt, streitet nicht!" – oder auf aggressive Weise „umgeleitet", damit man sich nicht selbst in Frage stellen oder offene Spannungen aushalten muß. Anstatt über das Problem zu streiten, geht man zielsicher auf die Persönlichkeit des anderen los und zerstört sein Selbstbewußtsein. Bei Kindern kann sich das Selbstbewußtsein, wenn überhaupt, nur ganz schwach entwickeln. Auf diese Weise lernen sie natürlich auch nicht, Konflikte angemessen auszutragen, sondern geraten auf der Suche nach Lösungen und Selbstachtung in die Sucht. Instinktiv spüren sie, daß sie keine Chance haben, durch Worte etwas zu ändern.

Kontrolle

Jeder Mensch hat Machtbedürfnisse. Einer lebt sie aus, indem er andere dominiert, andere sind so perfekt, lieb, zurückhaltend, „heilig" …, daß kein anderer ihnen das Wasser reichen kann. Wie auch immer, das Kind oder der Teenager hat kaum Spielraum, irgend etwas selbst zu bestimmen.

Wo sogar Kleidung, Frisur, Zahnbürste, Wäschewechsel, Körperfunktionen, Freizeit, Zimmergestaltung, Glaube, Gefühle … eisern reglementiert werden, gibt es wenig Bereiche, in denen keine Fremdkontrolle möglich ist. Zum Essen kann man, außer mit Gewalt, allerdings kaum gezwungen werden. Und selbst wenn – Finger in den Hals. Mit Nahrungsverweigerung bringen schon Kleinkinder ihre Mütter zur Verzweiflung, und Erwachsene versuchen, durch Hungerstreik ihre Forderungen durchzusetzen.

Mehr oder weniger zufällig entdecken Teenager diese alte Weisheit und sagen auf diese Weise endlich „Nein!" Zuerst ist es oft nur der Triumph, sich selbst, den eigenen Körper zu beherrschen. „Er tut, was ich will, nicht umgekehrt." Allmählich wird der Körper vom Eigenbewußtsein getrennt. „Er" ist endlich jemand, den die Magersüchtige kontrolliert und in den sie Ordnung bringen kann. Unverhofft erntet sie damit Bewunderung, zum Beispiel von denen, die keine Schlankheitskur durchhalten. Dadurch baut sich das Selbstbewußtsein scheinbar enorm auf. „Ich kann etwas, was keiner kann. Alle müssen ihren niederen Trieben nachgeben und essen. Ich habe das im Griff." Zuerst wird man bewundert, weil man abnimmt – welch heroische Leistung in unserer Gesellschaft –, dann bekommt man Aufmerksamkeit, weil man so dünn wird, und Leute, die sich sonst nie um einen gekümmert haben, machen sich Sorgen.

Häufig versorgen Magersüchtige andere gern mit Essen, denn dann fühlen sie sich überlegen. Selbstbewußtsein zu entdecken ist ein tolles Gefühl. Warum nicht ein Stück weitergehen: „Mager ist schön."? Das Bewußtsein für das eigene Aussehen geht so allmählich verloren. Zum ersten Mal findet sich die Magersüchtige schön und kann sich so annehmen, wie sie ist – solange sie weiter abnimmt. Jedes Gramm Gewichtszunahme kann eine ernsthafte Identitätskrise auslösen.

Überbetonung von Essen

In den meisten Familien „Eßgestörter" sind Essen und gemeinsame Mahlzeiten fast heilige Handlungen. „Bei den Mahlzeiten – und zwar bei allen – ist die ganze Familie zusammen." Nicht dabei zu sein, geschweige denn nichts zu essen wird glatt als persönliche Ablehnung empfunden. Hier ist die gemeinsame Mahlzeit eigentlich nichts Gemeinsames, sondern Machtausübung pur. Mit Argusaugen wird darauf geachtet und kommentiert, ob man „gut" (viel) oder „schlecht" (wenig) gegessen hat. Auf alle Fälle muß gegessen werden, häufig sogar dann, wenn krankheitsbedingt eher eine Nahrungspause angebracht wäre.

Es ist fast überflüssig zu bemerken, daß häufig auch anderen Körperfunktionen (z.B. Stuhlgang) übermäßige Bedeutung beigemessen wird. In wenigen Fällen werden sie allerdings total ignoriert. Einer derartig massiven Kontrolle und Machtausübung kann der Teenager nur durch sehr massive Reaktionen entkommen. Manche drehen den Spieß einfach um. Anstatt sich bei den Pflichtmahlzeiten unterdrücken zu lassen, greifen sie zur selben Waffe – Nahrung – und demonstrieren: „Ich bin auch noch da, mein Körper gehört mir, und ich mache damit was *ich* will."

Abwesenheit des Vaters

Viele Magersüchtige empfinden ihren Vater im wörtlichen oder übertragenen Sinne als abwesend. Sie haben ihn größtenteils nicht erlebt, weil er

- entweder wirklich nicht da war (zum Beispiel durch Tod, Scheidung, etc.)
- oder beruflich oder anderweitig überbeansprucht war,
- sich einfach nicht um sie gekümmert hat,
- nie gesagt hat, was er über seine Kinder fühlt oder denkt,
- die dominante oder manipulierende Mutter das Familienleben beherrscht und der Vater die Kinder nicht gegen sie schützt.

Weil es mit einem abwesenden Vater keine negativen Erlebnisse gibt, meinen viele, die Beziehung sei in Ordnung, obwohl sie ihm gegenüber eine seltsame Leere spüren.

Starke Bindung an die Mutter

Entweder wird die Mutter so idealisiert, daß der Tochter eine Loslösung von ihr unmöglich und vielleicht auch nicht erstrebenswert erscheint – was sie natürlich sehr unter Druck setzt, diesem Ideal selbst zu entsprechen –, oder der Haß zwischen beiden ist so groß, daß sie sich gegenseitig bekämpfen und sich dadurch stark aneinander binden. Es würde zu weit führen, auf die Gründe von Mutterhaß einzugehen, deshalb seien hier nur zwei genannt: mangelnder Schutz durch die Mutter bei sexuellem Mißbrauch des Kindes; die Haltung der Mutter, die vermittelt: „Hab mich gefälligst lieb, sonst geht es mir nicht gut."

Was tun?

Wenn dein Kind noch keine auffälligen Probleme hat, du aber diese zerstörerischen Strukturen in deiner Familie wiedererkennst, hast du noch die Möglichkeit, sofort daran zu arbeiten. Du mußt nicht warten, bis eine Sucht ausbricht oder bis dein Kind bereit ist, sich helfen zu lassen. Du kannst jetzt schon an dir arbeiten und damit dein Kind vielleicht vor noch mehr Leid bewahren.

Auch wenn es scheinbar schon „zu spät" ist, kannst du – könnt ihr – etwas tun. Bei jedem der beschriebenen Punkte wird deutlich, daß Magersucht – beziehungsweise Sucht überhaupt – nicht die Krankheit einer Tochter oder eines Sohnes ist, sondern meistens das Beziehungssystem einer kranken Familie widerspiegelt.

Deshalb muß sich nicht nur bei dem offensichtlich „Süchtigen" etwas ändern, sondern in der ganzen Familie. Alle müssen Schuld bekennen, Vergebung suchen und gewähren, von seelischen Verletzungen frei werden, altes Verhalten ablegen und neues erlernen. Ohne fachliche Hilfe, ohne Gebetsbeistand und ohne Gottes heilendes Eingreifen können die Familienbeziehungen jedoch kaum wieder heil werden.

Im Gegenteil, wenn das so einfach wäre, wäre es ja gar nicht so weit gekommen. Der tatsächliche Zustand zeigt ja, daß die krankmachenden Beziehungsmuster überhaupt nicht bewußt wahrgenommen wurden und noch weniger durchbrochen werden können. Ihr würdet die Konfliktsituation sogar noch verstärken, wenn ihr alles allein regeln wollt, euch damit weiterhin isoliert und euch nur auf euch selbst und die Symptome konzentriert.

Begeht deshalb nicht den Fehler, die Probleme zu verbergen und nach außen „heile Familie" zu spielen – auch wenn es demütigend ist, zugeben zu müssen: „Ja, mein Kind leidet an einer Sucht, und ich bin mitschuldig!"

Selbst wenn dein Kind sich weigern sollte, Hilfe in Anspruch zu nehmen, du solltest es. Es lohnt sich für dich, dadurch an deiner Persönlichkeit zu arbeiten und deine Haltung zu ändern. Wenn du eine eigenständigere Persönlichkeit wirst und Verantwortung für deine eigenen Probleme übernimmst, muß dein Kind sich nicht mehr durch Sucht von dir abgrenzen. Schaffst du es zum Beispiel, durch seelsorgerlichen Beistand und Gottes Eingreifen Ablehnung durch aufrichtige Wertschätzung zu ersetzen, Machtkämpfe zu vermeiden, ermutigende Worte zu sprechen und dein Kind wirklich ganz für seinen eigenen Weg freizugeben, baust du damit ein Fundament für seine Heilung.

Berechtigte und unberechtigte Schuld

Es gibt allerdings Eltern, die sich selbst alle Schuld für das Fehlverhalten ihres Heranwachsenden geben. Unablässig fragen sie sich: „Was haben wir nur falsch gemacht ...?“ Andere zeigen mit Fingern auf sie und sagen: „Hättet ihr nur ...“

Sie sehen sich als totale Versager, quälen sich ständig mit Selbstvorwürfen und verlieren den Blick und die Kraft für die jüngeren Geschwister.

Findest du dich in diesem „Schuldturm“ wieder, mußt du unbedingt zwischen „berechtigter“ und „unberechtigter“ Schuld unterscheiden lernen! Stelle dich der berechtigten Schuld und bereinige sie – aber laß dir von unberechtigter Schuld das Leben nicht noch zusätzlich schwer machen.

„Wir möchten mit zwei ‚Erziehungslügen‘, die in den Köpfen vieler Eltern herumspuken, aufräumen.

Erstens: „Eltern üben den größten oder gar einzigen Einfluß auf ihre Kinder aus.“

Und zweitens: „Eltern tragen alle Verantwortung für mißratene Kinder.“

Besinne dich auf realistische Erziehungsziele! Du könntest sonst zu sehr enttäuscht und dein Leben zerstört werden, weil sich deine Träume nicht erfüllen. Es gibt letztendlich keine Garantie dafür, daß Kinder keine eigenwilligen Wege gehen oder rebellieren! ...

Viele Eltern und Erzieher gehen von dieser Philosophie aus: Eine rundum günstige Kindheitsgeschichte wird logischerweise zu einer harmonischen, ausgeglichenen und lebenstüchtigen Persönlichkeit führen. Christen fügen noch hinzu: und auch einen gläubigen Menschen schaffen.

Dem müssen wir energisch widersprechen. Erziehung ist keine ‚Einbahnstraße'. Die Persönlichkeitsstruktur eines Kindes wird nicht allein durch Eltern und Umwelteinflüsse festgelegt.

Vertreter der Lerntheorien des Behaviorismus und der Traumatheorie der Psychoanalyse neigen zwar in diese Richtung, jedoch wird dabei übersehen, daß das Kind einen eigenen Willen hat und selbst eine ganz aktive Rolle in seiner Entwicklung spielt. Es steht ständig in einer Interaktion (Wechselbeziehung) mit den Eltern und den Umwelteinflüssen. Die gesamte Kindheit hindurch findet eine gegenseitige Beeinflussung zwischen kindlichem und elterlichem Verhalten und den verschiedensten Lebensumständen statt."[42]

Du weißt es doch selbst: Du bist nicht der einzige, der den Lebensweg deines Teenagers beeinflußt. Je älter er wird, desto geringer wird dein Einfluß ohnehin. Da sind noch all die anderen Einflüsse und Entscheidungen.

Allerdings solltest du aufrichtig dazu stehen, wo dich wirklich Schuld trifft: deine Unbeherrschtheit, Ungerechtigkeit, Kontrolle, Härte, Vernachlässigung ...

So wie wir es schon beschrieben haben:

- Geh dem Problem auf den Grund.
- Tu aufrichtig Buße.
- Suche Vergebung und sprich sie aus.
- Vergib dir vor allem selbst!
- Und dann laß dich durch Jesus in deiner Persönlichkeit verändern.

Gib die ständige Selbstverdammnis auf! Heißt es nicht in der Bibel: „Ich habe deine Vergehen ausgelöscht wie einen Nebel und wie eine Wolke deine Sünden. Kehre um zu mir, denn ich habe dich erlöst! Jubelt, ihr Himmel, denn der Herr hat es getan! Jauchzt, ihr Tiefen der Erde! Brecht in Jubel aus, ihr Berge ..." (Jesaja 44,22-23)?

Gibst du uns recht? Es hat keinen praktischen Nutzen, weiterhin zerknirscht und niedergeschlagen zu bleiben!

Jetzt muß ein Heilungsprozeß beginnen, und je zuversichtlicher du sein kannst, desto besser wird es gelingen. Außerdem brauchen dich deine anderen Kinder! Bei ihnen kannst du alte Fehler vermeiden und manches wiedergutmachen. Eure Ehe könnte nach soviel Kummer bestimmt auch ein bißchen mehr Pflege gebrauchen …

Also, nichts wie ran!

Teil IV

Die doppelte Herausforderung – Teenager-Eltern in der Midlife-Krise

In diesem letzten Teil des Buches soll es um dich und deine Ehe gehen. Wenn deine Kinder Teenager werden, wirst du dich der Mitte deines Lebens nähern oder dich direkt darin befinden. Das bedeutet eine doppelte Herausforderung: deine Kinder freizugeben und dich auf ein Leben mit jungen Erwachsenen einzustellen sowie dein eigenes Leben und deine Ehebeziehung neu zu ordnen.

Vielen gelingt es nicht, die verschiedenen Phasen ihres Lebens zu erkennen. Bei Kindern ist es uns geläufiger: Man spricht von Säuglingen, Kleinkindern, Grundschülern, Teenagern, Jugendlichen, jungen Erwachsenen … Und dann will mancher die Zeit aufhalten und ewig jung bleiben. Das klappt nicht! Es gibt die junge Ehe ohne Kinder, die Ehe mit Kleinkindern, mit Teenagern und die Ehe, wenn die Kinder wieder aus dem Haus sind. Jede Zeit hat ihre Chancen und Gefahren.

In der Mitte des Lebens

Eine Ehe in der Mitte des Lebens kann unübertreffliche Qualitäten bieten: Die Arbeitsteilung hat sich gut eingespielt, es bestehen ein Verständnis ohne viele Worte, große Vertrautheit und Anerkennung. Man weiß, was der andere gern hat, und kann viel Spaß miteinander haben. Die Beziehung ist zu einem Schutz vor Einsamkeit geworden. Es fällt nicht schwer, der Zukunft zuversichtlich entgegenzusehen.

Für andere wird die Lebensmitte zur größten Krise, wie das folgende Schaubild zeigt.[43]

Die Kurve gibt das Ergebnis einer Untersuchungsreihe über Zufriedenheit in der Ehe wieder. Erwartungsgemäß ist sie in jungen Ehen sehr hoch. Aber bereits beim ersten Kind erhält die Beziehung bei den meisten einen gehörigen Dämpfer. Bei dem Zusammenleben mit Teenagern erreicht die Zufriedenheit den absoluten Tiefpunkt. Wenn die Kinder aus dem Haus gehen, rappeln sich die Ehepartner wieder zusammen, aber so schön wie am Anfang scheint es nicht wieder zu werden. Schade!

Betrachte diesen Verlauf bloß nicht als unausweichlich! So muß es nicht kommen! Diese Kurve sollte dich warnen und wachsam machen, rechtzeitig etwas zu tun, um eine Katastrophe zu vermeiden.

Warum wird die Mitte des Lebens für viele zum seelischen Hauptkampfplatz?

Ganz klar: Weil man irgendwann so um die Vierzig herum spürt, daß der Höhepunkt überschritten ist. Es ist einfach nicht mehr zu leugnen, daß man älter wird. Körperliche Kräfte und jugendliches Aussehen nehmen ab. Wenn man bis jetzt seine Identität nicht gefunden hat und Zufriedenheit und Erfolg spürt, muß man ja in Panik geraten! Du siehst dich mit unerfüllten Träumen konfrontiert. Während die jugendlichen Kinder aufblühen – körperlich, sexuell und intellektuell –, „verblühen" die Eltern langsam.

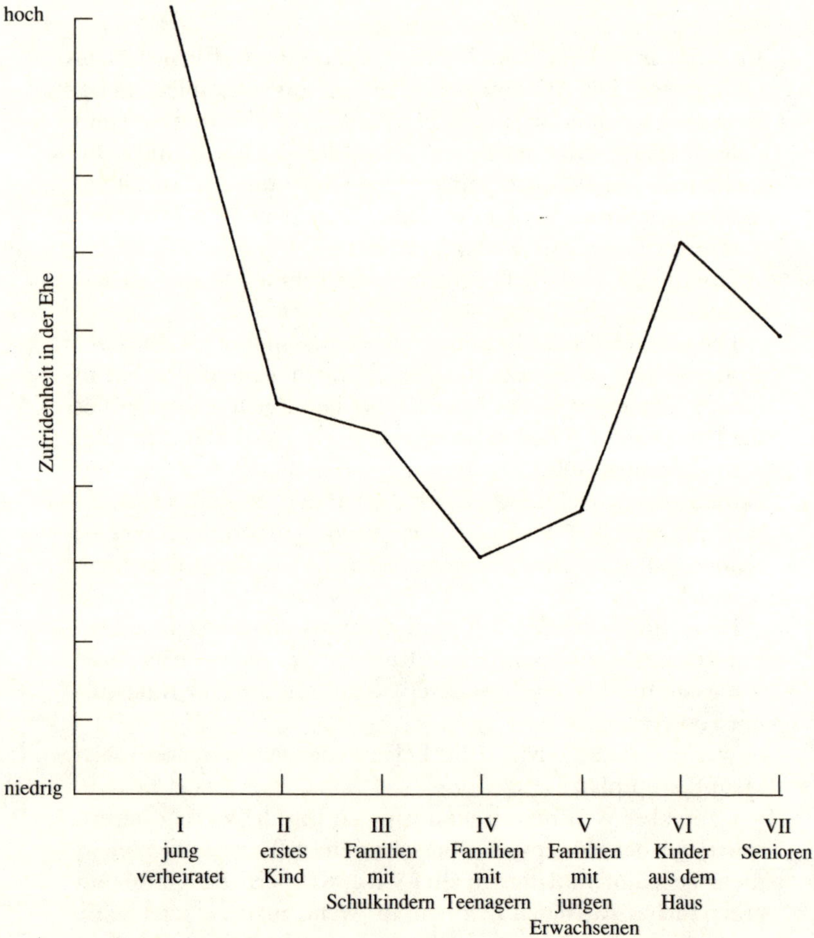
hoch
Zufridenheit in der Ehe
niedrig
I
jung
verheiratet
II
erstes
Kind
III
Familien
mit
Schulkindern
IV
Familien
mit
Teenagern
V
Familien
mit
jungen
Erwachsenen
VI
Kinder
aus dem
Haus
VII
Senioren

Im mittleren Alter nehmen normale Beziehungsprobleme schärfere Konturen an. Wenn die Kinder sich mehr und mehr von zu Hause abnabeln, bleibt einfach mehr Zeit, aufeinander zu achten und sich zu konfrontieren. Die Ablenkung und „Pufferwirkung" ist nicht mehr da, besonders wenn das letzte Kind endgültig das Haus verläßt. Plötzlich sind die Ehepartner wieder aufeinander angewiesen.

Eine Reihe von Studien deutet an, daß sich in den mittleren Jahren die Interessen umkehren: Männer, die bis dahin für ihre Karriere gelebt und sich wenig Zeit für Frau und Kinder genommen haben, besinnen sich neu auf die Werte einer Familie. Sie neigen zu mehr Passivität, Vertrautheit und Zärtlichkeit.

Für manche ist es jetzt zu spät! Ihre Frauen haben sich all die Jahre vergeblich danach gesehnt, während sie sich in die Kinder investiert haben. Jetzt, wo sie nicht mehr so stark durch sie gebunden sind, suchen sie nach einer neuen Identität. Sie halten Ausschau nach mehr Unabhängigkeit, Karriere und Bildung. Die häuslichen Anwandlungen ihres Ehegatten befremden sie nur.

Die „Midlife-Krise" wirkt sich bei denjenigen Menschen dramatischer aus, die allein auf Karriere bauen, familiäre Beziehungen vernachlässigen und sich von der Vergänglichkeit des Lebens bedroht sehen. Christen sollten andere Gedanken über Lebenserfüllung, Alter und Tod haben.

James Dobson faßt es kurz und bündig zusammen: „Die Midlife-Krise ist so etwas wie das Jüngste Gericht für ein Leben mit falschen Werten, nutzlosen Zielen und widergöttlichen Einstellungen."[44]

Eberhard wurde ganz abrupt gezwungen, über Zeiteinteilung, Ziele und die Gestaltung seiner zweiten Lebenshälfte nachzudenken: „Mitten in meinem erfolgreichen Schaffensdrang als Autor und innerhalb der Familienarbeit ‚Neues Leben für Familien' bekam ich ohne Vorwarnung einen schweren Herzinfarkt. Drei Tage kämpften die Ärzte, bis sie sagen konnten, daß ich überleben würde. Wie ein gefällter Baum lag ich zwischen den weißen Laken und fragte mich, was sich Gott wohl dabei gedacht hatte. Es war ein Streßinfarkt, ich hatte mich eindeutig übernommen und mußte jetzt die Rechnung dafür bezahlen.

Ein guter Freund sagte mir väterlich: ‚Eberhard, du wirst diesen Einschnitt in dein Leben noch einmal als Segen empfinden …‘ Das wollte ich zunächst gar nicht akzeptieren, aber im Laufe der Monate konnte ich es immer deutlicher sehen. Ohne diese Erfahrung hätte ich wertvolle Dinge nicht erkannt:

- Ich spürte Gottes Nähe und Liebe in einer Intensität wie selten zuvor. Wer schweres Leid siegreich durchsteht, kann glaubwürdig behaupten: Gott ist meine Stärke!
- Als ich dem Tod bewußt ins Auge schauen mußte und spürte, wie Jesus ständig bei mir war, habe ich die Angst vor dem Tod verloren und den Kreislauf des Lebens verstehen gelernt. Er ist also immer bei uns, auch in der Todesstunde.
- Ich habe das Geschenk des Lebens neu erkannt. Menschen, Aufgaben und Beziehungen sehe ich in einem neuen Licht, besonders die Beziehungen innerhalb meiner Familie und zu guten Freunden.
- Hätte es mich nicht so schwer getroffen, hätte wohl kaum einer meine Arbeitswut bremsen können, und ich hätte vielleicht das erlitten, was viele Karrieretypen trifft: den Zusammenbruch harmonischer Familienbeziehungen – und das bei einem, der sein Leben für Familien eingesetzt hat!

Jetzt halte ich mich an meine wichtigste Erkenntnis: Die zweite Lebenshälfte muß andere Schwerpunkte haben! Die Früchte des Dienstes der ersten Lebenshälfte müssen zum Tragen kommen und anderen weitergegeben werden. Jetzt ist es an der Zeit, Erfahrungen auszuwerten, Urteilsfähigkeit und Weisheit zu vertiefen, „Vater“ beziehungsweise „Mutter“ in Christus zu sein und sein Leben in andere zu investieren – dazu gehören auch die heranwachsenden Kinder.

Wenn man sein Leben in die Hände Gottes gibt, ist die Sorge, mit zunehmendem Alter nicht mehr gebraucht oder abgeschoben zu werden, unbegründet. Mein Vorbild ist ein neuseeländischer Pfarrer, Don Kirkby. Als er pensioniert wurde, gab Gott ihm den verantwortungsvollsten und segensreichsten Auftrag seines Lebens: Er schickte ihn nach Deutschland, um unsere Familienarbeit zu gründen. So etwas nimmt die Furcht vor der Sinnlosigkeit im Alter. Genau wie das Jahr hat das Leben seine unterschiedlichen Zeiten. Du mußt sie akzeptieren und entsprechend leben."

Einer Krise vorbeugen

Dich muß nicht erst so schweres Leid treffen, um zu ähnlichen Erkenntnissen und Vorsätzen zu kommen. Was kannst du tun, um einer Midlife-Krise vorzubeugen?

Wenn du dich rechtzeitig auf die möglichen körperlichen und seelischen Herausforderungen und Veränderungen einstellst und eine kluge Lebensstrategie entwickelst, kannst du diese Phase des Lebens erfolgreich meistern und zu größerer Reife gelangen.

Entwickle ein Konzept, was du für dich erreichen und wie du die Beziehung zu deinen Kindern und deinem Ehepartner gestalten willst!

Was willst du persönlich erreichen?

Bemühe dich, folgende Fragen aufrichtig zu beantworten, und ziehe die Konsequenzen aus deinen Antworten:

- Was befriedigt mich in meinem Leben wirklich?
- Welche Bereiche finde ich bedeutungslos?
- Bin ich überzeugt von dem, was ich tue?
- Welche Interessen habe ich außer meiner Arbeit?
- Welchen Platz nimmt mein Dienst für Gott ein?
- Wann habe ich das letzte Mal etwas Neues in Angriff genommen?

Vermeide Alltagstrott! Bemühe dich, vielseitig zu sein und immer mal wieder etwas Neues zu unternehmen. Lebe nicht allein für den Beruf, aber auch nicht allein für die Familie.

Wenn erfahrungsgemäß diejenigen Männer Schiffbruch erleiden, die alles auf Karriere setzen und familiäre Beziehungen vernachlässigen, dann sei klug und setze rechtzeitig die richtigen Prioritäten. Genauso müssen wir ein warnendes Wort an die Mütter richten, die ihre Identität allein in Kindern, Haushalt und Ehemann suchen: Entweder sie verkümmern seelisch, oder sie erleben eine herbe Enttäuschung, spätestens dann, wenn die Kinder ihre „aufopferungsvolle" Hingabe nicht mehr benötigen und der Haushalt sie nicht mehr auslastet.

Halte Ausschau nach Hobbys und Diensten, die über den Familienrahmen hinausgehen und dir Bestätigung geben. Frage dich, mit welchen Gaben du Gott dienen kannst. Berücksichtige aber auch, daß du nicht mehr die Energie eines Jugendlichen hast. Tritt langsamer, gönne dir Pausen!

Suche und erhalte Freundschaften mit anderen! Enge Familienbeziehungen sind gut, aber du brauchst auch Anregungen von außen. Wenn du nicht die Initiative ergreifst, stehst du schließlich ganz allein da. Eine echte Freundschaft von Mann zu Mann beziehungsweise Frau zu Frau kann ungemein aufbauen und eure Ehebeziehung bereichern. Denke deinen Bekanntenkreis durch: Mit wem möchtest du Kontakt halten und befreundet bleiben? Gerade wenn viel von dir verlangt wird, brauchst du Menschen, mit denen du dich entspannen und mit denen du ungezwungen Spaß haben kannst, mit denen du aber auch Fragen deines Lebens durchsprechen und -beten kannst.

Nimm deine Gefühle wahr: Empfinde sie, und sprich mit anderen darüber. Das ist wie ein Ventil, mit dem du seelischen Druck abläßt. Manch einer hat sich im Laufe der Ehe emotional mehr und mehr verschlossen. Dieses Gefängnis muß jetzt aufgebrochen werden. Frage dich: Warum empfinde ich so? Wieso will oder kann ich nicht darüber sprechen? Vielleicht mußt du dazu die Hilfe eines Seelsorgers in Anspruch nehmen. Du wirst erst dann zu einer freien Persönlichkeit, wenn du mit deinen Gefühlen umgehen kannst.

Sprich mit Gott, und lebe mit seinem Wort. In der Mitte deines Lebens solltest du Bilanz über die vergangenen Jahre ziehen und deinen Bund mit Gott erneuern. Gerade wenn du mit deiner Vergangenheit unzufrieden bist und den Eindruck hast, dir seien die Jahre bedeutungslos davongelaufen, denke daran – du hast die Chance, deine zweite Lebenshälfte nach Gottes Prinzipien sinnvoller zu gestalten und inneren Frieden zu finden.

Vorbereitung auf das „leere Nest"

Viele Studien zeigen, daß eine Krise sehr wahrscheinlich ist, wenn das letzte Kind herangewachsen ist und das Haus verläßt. Zu viele Eltern verschließen davor einfach die Augen und wollen nicht wahrhaben, daß sie ihr Leben einmal ohne Kinder gestalten werden!

Bei aller Liebe zu Kindern: Erziehung ist nicht das ganze Leben. Es ist eine Phase, die durch Neues abgelöst werden muß! Ganz gleich, wie alt deine Kinder sind, schmiede jetzt schon Pläne, was du tun wirst, wenn sie eigenständiger werden und schließlich das Haus verlassen.

Ihre jugendlichen Kinder wirklich freizugeben und ihnen einen eigenständigen Start ins Erwachsenenleben zu gewähren ist für Eltern offensichtlich das größte Problem.

Es ist aber auch eine gewaltige Umstellung: Über ein Jahrzehnt hast du dich in Hingabe, Fürsorge und Selbstverzicht geübt. Die Kinder haben einen großen Teil deiner Freiheit, deiner Energie und deines Geldes aufgesaugt ... und kaum hast du dich daran gewöhnt, geht es andersherum: Du mußt sie freigeben und wieder dein eigenes Leben gestalten!

Tu es ohne Vorbehalte, sonst sind Probleme unausweichlich!

Manche meinen, mit ein wenig Überreden, Nörgeln oder Druck die vergangenen Kindertage festhalten oder zurückholen zu können ... Das ist vergeblich und würde eure Beziehung nur belasten.

Andere sagen: „Natürlich will ich, daß mein Kind seinen eigenen Weg geht ..." Und wenn es dann doch einen anderen Beruf ergreifen will oder andere Lebenspläne hat, zerbricht eine Welt für sie.

Tausende junger Leute leben aus dem einfachen Grunde weit entfernt von ihren Familien, weil ihre Eltern ihren Weg nicht akzeptieren wollten.

Warum hältst du so sehr an deinen eigenen Vorstellungen fest? Was erwartest du eigentlich von deinem Teenager? Zurückgezahlte Liebe, oder die Erfüllung deiner Träume? Gehört er so sehr zu deiner Identität, ist er so wichtig für dein Ego, daß du nicht mehr ohne ihn leben kannst?

TJA – UND WAS MACHEN WIR BEIDE JETZT, NACHDEM DIE KINDER AUS DEM HAUS SIND?
?!?...

Diese Fragen ehrlich zu beantworten fällt nicht leicht!

Wir stehen in der gleichen Spannung wie du. Wenn wieder eins unserer heranwachsenden Kinder das Haus verläßt, tröstet uns zwar der Gedanke, daß noch genügend jüngere übrigbleiben. Aber wie wird es sein, wenn das letzte geht?

Halte dich an die Strategie dieses Buches: Begegne deinen Kindern immer mit Respekt und Wertschätzung, schule sie in Eigenverantwortung, bleibe ihnen Freund und Berater. Laß deine erwachsenen Kinder wissen, daß du dich nicht ungefragt in ihr Leben einmischst – selbst wenn eine längere „Sendepause" eintreten sollte. Um so bereitwilliger werden sie die Gemeinschaft mit dir suchen und nach deinem Rat fragen. Und du wirst genau das erreichen, was andere durch Festhalten und Manipulation vergeblich versuchen: einen harmonischen Familienzusammenhalt, der auf gegenseitiger Zuneigung beruht!

Frischer Wind in müde Ehen

Die größte Hilfe, Kindern ein interessantes Gegenüber zu bleiben und ihnen stets den rechten Platz im Herzen einzuräumen, ist – trotz aller entbehrungsreichen Hingabe an die Familie – ein eigenständiges persönliches Leben und das Achthaben darauf, daß stets „frischer Wind" in der Ehe weht.

Und damit sind wir bei deiner Ehebeziehung. Je besser ihr beide euch versteht, miteinander reden, Wertschätzung und Zärtlichkeit austauschen könnt, desto leichter wird es dir fallen, deine Kinder freizugeben und dich auf den neuen Lebensabschnitt allein mit deinem Ehepartner einzustellen.

Selbst die, die von sich sagen können, daß sie eine gute Ehe führen, wissen, daß dies keine Selbstverständlichkeit ist. Zur Liebe gehört, sich immer wieder bewußt zu entscheiden, dem anderen Gutes zu tun, ihn zu achten und ihm die Treue zu halten. Sonst zieht mit der Zeit unweigerlich Langeweile, Unzufriedenheit und Entfremdung ein.

Wo steht ihr beide?

Meinst du nicht, daß es an der Zeit ist, eine gründliche „Ehe-Inventur" zu machen, um dann um so gezielter an der Beziehung zu deinem Partner zu arbeiten?

Wir möchten dir die Checkliste vorstellen, die junge Ehepaare auf unseren Seminaren bekommen. Wir bitten sie, sie alle halbe Jahre durchzugehen, um so über ihren Zufriedenheitsgrad in der Ehe ständig aufrichtig im Gespräch zu bleiben. So etwas hätte euch in der Vergangenheit sicher auch gutgetan. Aber es ist hoffentlich noch nicht zu spät.

Schau dir die Punkte der Checkliste einmal an. Sie schneiden die wichtigen und oftmals kritischen Bereiche des Ehealltags an: Freizeitbeschäftigung, Romantik und Sexualität, Kommunikation, Arbeitsteilung, geistliches Leben und der Dienst für Gott.

Checkliste zur ehelichen Zufriedenheit

Die Häufigkeit gemeinsamer Freizeit

0 1 2 3 4 5 6 7 8 9 10

Die Qualität gemeinsamer Freizeit

0 1 2 3 4 5 6 7 8 9 10

Unser Zusammensein mit Freunden

0 1 2 3 4 5 6 7 8 9 10

Unser zärtlicher, romantischer Umgang

0 1 2 3 4 5 6 7 8 9 10

Unser sexueller Umgang

0 1 2 3 4 5 6 7 8 9 10

Die Häufigkeit unseres Geschlechtsverkehrs

0 1 2 3 4 5 6 7 8 9 10

Unsere Kommunikation

0 1 2 3 4 5 6 7 8 9 10

Die Art, wie wir Konflikte lösen

0 1 2 3 4 5 6 7 8 9 10

Die Art, wie wir Aufgaben verteilen und ausführen

0 1 2 3 4 5 6 7 8 9 10

Die Art, wie wir unser Geld verwalten

0 1 2 3 4 5 6 7 8 9 10

Die Gestaltung unseres geistlichen Lebens

0 1 2 3 4 5 6 7 8 9 10

Unsere Gemeindeaktivitäten

0 1 2 3 4 5 6 7 8 9 10

Zu jedem Punkt gibt es eine Werteskala von 0 bis 10. Die 0 bedeutet „nicht zufrieden", die 5 bedeutet „ausreichend" und die 10 „super".

Gebrauche ein „X", um deinen Zufriedenheitsgrad in den einzelnen Ehebereichen anzukreuzen, und einen Kreis, um anzuzeigen, wie du die Zufriedenheit deines Partners einschätzt.

Reserviert euch einen ruhigen Abend oder gleich ein privates Ehewochenende, an dem ihr ungestört zusammensitzen könnt, und geht eure Liste Punkt für Punkt durch. Sie ist eine ideale Hilfe, endlich offen über die Bereiche eurer Beziehung zu sprechen, in denen ihr zufrieden oder unzufrieden seid.

Ohne direkten Anstoß reden viele Paare nicht über ihren Ehealltag. Manche fressen ihren Frust in sich hinein und meinen, der andere müsse von selbst merken, was los ist. Andere begnügen sich mit Andeutungen oder Nörgelei oder explodieren von Zeit zu Zeit. Wenn du berechtigte Kritik hast, gib dir Mühe, sie sachlich und ohne persönlichen Angriff auszusprechen. Gehe noch einmal die „Streitregeln" im Kapitel „Kommunikation" durch und halte dich daran.

Faßt euch an die Hände, schaut euch in die Augen und beratet, wie ihr in den einzelnen Punkten zu größerer Zufriedenheit finden könnt. Wenn ihr aufrichtig seid, werdet ihr euch bestimmt lange unterhalten. Vielleicht fließen auch Tränen, weil euch eure Defizite bewußt werden, weil einer dem anderen die Wahrheit ins Gesicht sagt oder weil euch die eigene Ohnmacht vor Augen steht.

Dann beteuert euch gegenseitig euren guten Willen und vergebt euch. Ohne feste Vorsätze und ohne Vergebung wird ein Neuanfang kaum möglich sein. Wagt, miteinander zu beten und Jesus um Hilfe zu bitten. Er kann verschüttete Energien freisetzen und eine neue Liebe für den Ehepartner wecken.

Wenn du siehst, daß es trotzdem nicht vorangeht, dann laß bitte nicht resignierend den trüben Alltag wieder einziehen. Es gibt viele gute Ehebücher, die euch Tips für euren gemeinsamen Lebensstil geben können. Oder besucht gleich ein Seminar zur „Vertiefung der Ehebeziehung", wie wir es zum Beispiel innerhalb unserer Familienarbeit anbieten (Auskunft: „Neues Leben für Familien", Berliner Str. 16, 5880 Lüdenscheid).

Als weitere Anregung für die Zukunftsplanung eurer Ehe möchten wir dir noch die Erfolgsrezepte von Paaren nennen, die zwanzig und mehr Jahre glücklich verheiratet geblieben sind.

In einer amerikanischen Studie wurden 351 langverheiratete Paare nach den Gründen ihrer Zufriedenheit befragt. Sie wurden gebeten, in einer Liste die Aussagen anzustreichen, die ihre Ehe am besten beschrieben. Im folgenden Abschnitt kannst du die Ergebnisse nachlesen. Bitte studiere diese Aussagen aufmerksam. Jede sollte dich zum Nachdenken über deine Ehe anregen und dich zu einem aufrichtigen Gespräch mit deinem Ehepartner motivieren.

Was hält eine Ehe zusammen?

Hier sind die genannten Hauptgründe, nach Häufigkeit geordnet:

- Mein Ehepartner ist mein bester Freund.
- Ich mag meinen Partner als Person.
- Zur Ehe gehört eine dauerhafte Hingabe.

– Die Ehe ist heilig.
– Wir stimmen in unseren Zielen und Absichten überein.
– Mein Ehepartner ist für mich immer interessanter geworden.
– Ich möchte, daß unsere Beziehung erfolgreich ist.
– Eine dauerhafte Ehebeziehung ist wichtig für soziale Stabilität.
– Wir lachen viel zusammen.
– Ich bin stolz auf meinen Partner.
– Wir haben eine gemeinsame Lebensphilosophie.
– Wir stimmen in unseren sexuellen Wünschen überein.
– Wir sprechen ab, auf welche Weise und wie häufig wir uns Zärtlichkeit und Zuwendung zeigen wollen.
– Ich vertraue meinem Ehepartner.
– Wir pflegen gemeinsame Hobbys und Interessen.

Welche dieser Aussagen kannst du bestätigen? Was ist bei dir vielleicht in Vergessenheit geraten?

Erfreut hat uns, daß als erstes angeführt wurde: „Mein Ehepartner ist mein bester Freund." Das bestätigt die Wichtigkeit des freundschaftlichen Aspekts, den wir in den vergangenen Jahren immer wieder betont haben: gemeinsame Unternehmungen, aufrichtige Gespräche und humorvolle Entspannung erhalten eine Ehe auf Dauer lebendig und frisch.

Das wird durch die anderen Aussagen bestätigt: „Wir lachen viel zusammen", „Wir haben eine gemeinsame Lebensphilosophie" oder „Wir pflegen gemeinsame Hobbys und Interessen."

Bald habt ihr wieder mehr Zeit füreinander. Erstickt bitte nicht im Alltagstrott, sondern schmiedet Pläne, wie ihr eure Freundschaft wieder aufpolieren könnt, was ihr miteinander unternehmen und wie ihr gemeinsam Gott und anderen Menschen dienen könnt.

Diese Liste zeigt aber auch, daß feste Vorsätze nötig sind, um eheliche Liebe aufrechtzuerhalten, wie „Zur Ehe gehört eine dauerhafte Hingabe", „Sie ist heilig" oder „Ich möchte, daß unsere Beziehung erfolgreich ist."

Ein Ehepaar, das ständig in gemeinsamer Kommunikation wächst, kann sagen: „Wir haben einen anregenden Gedankenaustausch", „Wir stimmen in unseren sexuellen Wünschen überein" und „Wir sprechen ab, auf welche Weise und wie häufig wir Zuneigung und Zärtlichkeit austauschen wollen."

Werden diese Vorsätze eingehalten, können sich Paare selbst nach vielen Ehejahren (!) in für unsere Zeit nahezu unglaubliche Aussagen steigern: „Mein Ehepartner ist für mich immer interessanter geworden", „Ich bin stolz auf meinen Partner", „Ich vertraue ihm."

*

Wie denkst du jetzt am Ende dieses Buches über die nächsten Jahre zusammen mit deinem Teenager? Haben wir dich zuversichtlicher stimmen und dir Mut machen können?

Nun gut, du wirst erkannt haben, daß du ein gehöriges Stück an dir arbeiten mußt, um selbstbewußt zu leben und deinem Heranwachsenden ein guter Berater und Freund sein zu können. Mit ein paar Erziehungstips ist es nicht getan. Es wird sehr viel von dir erwartet.

Stell dich diesen Herausforderungen – du bist noch nicht zu alt dazu, und du hast Gott auf deiner Seite! Die Freude, ein Kind zu einem selbstbewußten Erwachsenen zu begleiten, macht den Einsatz allzumal wett!

Anmerkungen

[1] Stella Chess und Alexander Thomas, „Know Your Child“, Basic Books, Inc., New York 1989, S. 225.
[2] ebd.
[3] James Dobson, „Anti-Frust-Buch“, Editions Trobisch, Kehl/Rhein 1991, S. 34.
[4] Der Spiegel, 20.05.1991.
[5] ebd.
[6] Stella Chess und Alexander Thomas, „Know Your Child“, Basic Books, Inc., New York 1989, S. 227.
[7] ebd.
[8] James Dobson, „Anti-Frust-Buch“, Editions Trobisch, Kehl/Rhein 1991, S. 104.
[9] Tim LaHaye, „Aufklären – aber wie?“, Schulte & Gerth, Asslar [3]1991, S. 75-76.
[10] Eberhard Mühlan, „Zwischen 12 und 17“, Schulte & Gerth, Asslar [10]1991, S. 20-21.
[11] Reinhold Ruthe, „Elternbuch“, R. Brockhaus Verlag, Wuppertal 1986, S. 227.
[12] James Dobson, „Der christliche Familienratgeber“, Projektion J Verlag GmbH, Mainz-Kastel 1990, S. 196.
[13] ebd., S. 192-194.
[14] Tim LaHaye, „Aufklären – aber wie“, Schulte & Gerth, Asslar [3]1991, S. 83-84.
[15] Eberhard Mühlan, „Kinder in der Zerreißprobe“, Schulte & Gerth, Asslar [6]1991, S. 184-188.
[16] Tim LaHaye, „Aufklären – aber wie“, Schulte & Gerth, Asslar [3]1991, S. 102-125.
[17] Claudia und Eberhard Mühlan, „Is' was, Mama?“, Schulte & Gerth, Asslar [3]1992, S. 116-117.
[18] Jay Kesler, „Hilfe, Teenies!“, Schulte & Gerth, Asslar [2]1991, S. 29.
[19] Claudia und Eberhard Mühlan, „Is' was, Mama?“, Schulte & Gerth, Asslar [3]1992, S. 187-192.

[20] Welt am Sonntag, 7.6.1992.
[21] Claudia und Eberhard Mühlan, „Is' was, Mama?", Schulte & Gerth, Asslar [3]1992, S. 163.
[22] Eberhard Mühlan, „Papa, rück' die Scheine raus!", Schulte & Gerth, Asslar [2]1991, S. 47-48.
[23] ebd., S. 53-55.
[24] Claudia und Eberhard Mühlan, „Is' was, Mama?", Schulte & Gerth, Asslar [3]1992, S. 57-58.
[25] Liste nach Len Kageler, „Helping Your Teenager Cope With Peer Pressure", Group Books, Loveland CO 1989, S. 158.
[26] Jay Kesler, „Hilfe, Teenies!", Schulte & Gerth, Asslar [2]1991, S. 57-58.
[27] Claudia und Eberhard Mühlan, „Is' was, Mama?", Schulte & Gerth, Asslar [3]1992, S. 131-132.
[28] Len Kageler, „Helping Your Teenager Cope With Peer Pressure", Group Books, Loveland CO 1989, S. 51.
[29] Jay Kesler in „Lydia", 2/1992.
[30] Eberhard Mühlan, „Papa, rück' die Scheine raus!", Schulte & Gerth, Asslar [2]1991, S. 89-110.
[31] Eberhard Mühlan, „Mama, Papa hat gesagt ...!", Schulte & Gerth, Asslar 1992, S. 11.
[32] Paul W. Swets, „How To Talk So Your Teenager Will Listen", Word Books, Waco TEX 1988, S. 54.
[33] Vgl. Eberhard Mühlan, „Mama, Papa hat gesagt ...!", Schulte & Gerth, Asslar 1992, S. 14-20.
[34] ebd., S. 27-28.32-35.37.
[35] Paul W. Swets, „How To Talk So Your Teenager Will Listen", Word Books, Waco TEX 1988, S. 146.
[36] Wolfgang Brezinka, „Erziehung in einer wertunsicheren Gesellschaft", Ernst Reinhardt Verlag, München/Basel 1986, S. 25.
[37] Paul W. Swets, „How To Talk So Your Teenager Will Listen", Word Books, Waco TEX 1988, S. 105.
[38] Eberhard Mühlan, „Kinder in der Zerreißprobe", Schulte & Gerth, Asslar [6]1991, S. 108-117.
[39] Claudia und Eberhard Mühlan, „Is' was, Mama?", Schulte & Gerth, Asslar [3]1992, S. 184.
[40] Dorette Constam, „Befreiung aus dem Hungerturm", Blaukreuz-Verlag, Wuppertal 1991.

[41] ebd.

[42] Claudia und Eberhard Mühlan, „Is' was, Mama?", Schulte & Gerth, Asslar [3]1992, S. 194, 195.

[43] Norman Wright, „Premarital Counceling", Moody Press, Chicago 1982, S. 103.

[44] James Dobson, „... man hat's nicht leicht als Mann", Editions Trobisch, Kehl/Rhein 1988, S. 168.

Claudia Mühlan
Bleib ruhig, Mama!
Die ersten drei Jahre – Tips zur Kleinkind-Erziehung

Wie? Sie wollen Ihren Job als Hausfrau und Mutter kündigen? Und das nur, weil Ihr zweijähriger Sohnemann sich mit keinem anderen Kind verträgt, ständig für Zündstoff im Eheleben sorgt und überhaupt ein ganz schwieriges Kind ist?
Warum lesen Sie nicht einfach dieses Buch? Eine Mutter von dreizehn (!) Kindern sagt Ihnen darin klipp und klar,

- was man von einem Kleinkind erwarten darf und was nicht,
- wo die kindliche Freiheit definitiv ihre Grenzen hat,
- wann Sie sich besser auf die Lippen beißen als eingreifen sollten
- und wie man das Familienklima vor Überhitzung schützt – und vor Unterkühlung!

Na, sind das nicht Aussichten? Also, ran an die Lektüre! Der kleine Racker wird Ihnen bald wieder Freude machen – und Sie werden das wieder richtig genießen können!

Claudia und Eberhard Mühlan
Is' was, Mama?

Wenn Sie Kinder im Alter von etwa fünf bis zwölf Jahren haben, ist Ihnen eines bestimmt klargeworden: Locker zurücklehnen gilt nicht, und irgendwie durchwursteln ist ein ziemlich unvollkommenes Rezept! Aber wenn Sie eine Erziehungsstrategie hätten, von der Sie wirklich überzeugt wären und die sich auch begründen ließe ...!
Woher Sie die bekommen? Na, aus diesem Buch! Denn wer zusammen mit dreizehn Kindern eine harmonische Familie bildet, muß schon etwas zu bieten haben, oder?

In diesem Buch erfahren Sie unter anderem,
▷ wie Sie verhindern, daß die Kinder Sie und Ihre Ehe „auffressen";
▷ warum ein gutes „Klima" so wichtig ist und wie man es bekommt und erhält;
▷ warum viele Eltern ihr „Familienhaus" verkehrt herum aufbauen;
▷ wie man Regeln situations- und kindgerecht weitergibt;
▷ wo Disziplin beginnt – und wo sie ihre Grenzen hat;
▷ wie sich das vorherrschende Menschenbild auf die Erziehung auswirkt;
▷ welche Freude Kinder-Erziehung bereiten kann!

Paperback, 237 Seiten
Bestell-Nr. 15163

Eberhard Mühlan
Zwischen 12 und 17

Eberhard Mühlan behandelt Themen, für die sich Heranwachsende in diesem Alter besonders interessieren:

▷ körperliche und seelische Entwicklung
▷ Sexualität
▷ Beziehungen zu Eltern und Freunden
▷ Leitbilder
▷ Lebensziele

Die jugendgemäße Sprache und zahlreiche witzige Cartoons vermitteln dem Leser das Gefühl, daß er in seiner eigenständigen Entwicklung verstanden und angenommen wird.

Taschenbuch, 80 Seiten
Bestell-Nr. 15 465

Eberhard Mühlan
Früh übt sich ...!
Christlicher Lebensstil und Andachten in der Familie.

Humorvoll und von reicher Erfahrung geprägt, zeigt der beliebte Autor, wie man Kinder altersgemäß an die Bibel heranführt, mit ihnen betet, Feste feiert, Andachten durchführt usw.

Band 1 der Taschenbuchreihe „Mühlan-Tip"

Taschenbuch, 108 Seiten
Bestell-Nr. 15 681

Papa, rück' die Scheine raus!
Kinder lernen, mit Geld umzugehen.

In seiner praktischen, auf viel Erfahrung beruhenden Art beantwortet Eberhard Mühlan oft gestellte Fragen zum Thema „Taschengeld". Er weist aber auch darauf hin, daß der Begriff „Taschengeld" die wahren Notwendigkeiten eher verschleiert, und plädiert für eine umfassende Wirtschaftserziehung.

Band 2 der Taschenbuchreihe „Mühlan-Tip"

Taschenbuch, 110 Seiten
Bestell-Nr. 15 137

Mama, Papa hat gesagt ...!
Kommunikation mit Kindern

Hätten Sie gedacht, daß Kommunikation nur zum geringsten Teil aus Reden besteht?
Schließlich gehört ja auch das Zuhören dazu, und außerdem tauschen Eltern und Kinder auf vielfältige andere Weise Signale aus – bewußt oder unbewußt. Jedenfalls steht dieser Prozeß im Zentrum der Erziehung und verdient viel Aufmerksamkeit und Sorgfalt. Eberhard Mühlan beschreibt in diesem Buch u.a. unterschiedliche „Kommunikationstypen" und erläutert, wie sie sich auf das Miteinander von Eltern und Kindern auswirken.

Auch diesmal finden Sie in den Mühlan-Tips praktische Ratschläge, wie Sie gute Gelegenheiten und eine Atmosphäre schaffen, um die Herzen Ihrer Kinder aufzuschließen – vor allem aber, wie Sie ein warmherziger, kindgemäßer Kommunikationstyp werden können.

Band 3 der Taschenbuchreihe „Mühlan-Tip"

Taschenbuch, 73 Seiten
Bestell-Nr. 15 184